해답을 찾은 수학자의 말
딱 한마디 수학사

천개의지식 26

딱 한마디 수학사

펴낸날 초판 1쇄 2023년 6월 26일

글 김승태 | **그림** 나수은
편집 이정아 | **디자인** 김윤희 | **홍보마케팅** 배현석 송수현 | **관리** 최지은 이민종
펴낸이 최진 | **펴낸곳** 천개의바람 | **등록** 제406-2011-000013호 | **주소** 서울시 영등포구 양평로 157, 1406호
전화 02-6953-5243(영업), 070-4837-0995(편집) | **팩스** 031-622-9413
사진 84쪽 산가지(국립민속박물관) · 87쪽 묵사집산법(한국학중앙연구원 장서각), 최석정 초상(국립청주박물관),
구수략(국립중앙박물관) · 95쪽 가우스상(국제수학연맹)

ⓒ 김승태·나수은, 2023 | ISBN 979-11-6573-423-7 73410

* 이 책은 저작권법에 따라 보호받는 저작물이므로 무단전재와 무단복제를 금지하며,
  이 책 내용의 전부 또는 일부를 이용하려면 반드시 저작권자와 천개의바람의 서면 동의를 받아야 합니다.

* 잘못 만든 책은 구입하신 서점에서 바꾸어 드립니다. 천개의바람은 환경을 위해 콩기름 잉크를 사용합니다.
* 종이에 베이거나 긁히지 않도록 조심하세요. 책 모서리가 날카로우니 던지거나 떨어뜨리지 마세요.

제조자 천개의바람 **제조국** 대한민국 **사용연령** 11세 이상

해답을 찾은 수학자의 말

딱 한마디 수학사

김승태 글 | 나수은 그림

차례

머리말 ······ 6

막대기 하나로 피라미드 높이를 잴 수 있다
탈레스(기원전 624~545년경) ······ 8

만물의 근원은 수이다
피타고라스(기원전 582~497년경) ······ 16

기하학에는 왕도가 없다
유클리드(기원전 300년경) ······ 26

내 원을 밟지 마라
아르키메데스(기원전 287~212년경) ······ 34

나는 진리와 결혼했다
히파티아(370~415년경) ······ 44

수들은 자연 속에서 규칙적으로 움직인다
피보나치(1170~1250년경) ······ 52

여백이 부족해서 증명은 생략한다
페르마(1601~1665년) ······ 62

수학의 모든 것은 증명되어야 한다
파스칼(1623~1662년) ······ 72

방정식은 그다지 어렵지 않습니다
홍정하(1684년~?) ······ 80

수학은 과학의 여왕이다
가우스(1777~1855년) ······ 88

수학의 본질은 자유다
칸토어(1845~1918년) ······ 96

수학은 직관과 독창성을 섞은 것이다
앨런 튜링(1912~1954년) ······ 104

한눈에 쏙 수학사 연표 ······ 112

머리말

　수학은 과연 누가 만들었을까요? 도대체 왜 이런 어려운 과목을 만들어서 힘들게 하는지 원망스러웠던 적이 있을 겁니다. 그런데 수학은 어느 한 사람이 만든 작품이 아닙니다. 피타고라스, 유클리드, 피보나치, 페르마…… 워낙 유명해서 한 번쯤 이름을 들어 본 적이 있는 수학자들일 겁니다. 수학은 유명한 수학자들뿐만 아니라 셀 수 없이 많은 수학자들이 함께 만들어 냈습니다.

　왜 이런 어려운 학문을 만들었냐고요? 물론 매일 수업에서 배우는 수학은 어렵기만 하고 세상을 살아가는 데 별로 중요하지 않은 존재로 보일지도 모릅니다. 더하기, 빼기, 곱하기, 나누기만 할 수 있으면 된다고 생각할 수 있으니까요.

　하지만 수학이 인간의 역사에 끼친 영향은 막대합니다. 수학은 인간이 만들어 낸 창조물이면서 자연의 발견물이기도 합니다. 한마디로 수학의 역사는 우리 인간의 역사라고 해도 과언이 아닙니다. 수학이 인간의 역사라고 할 수 있는 이유는 인간의 역사와 함께 발전해 왔고, 지금도 인간의 역사와 함께 발전하고 있는 학문이기 때문입니다.

  수학을 배우다 보면 이론이나 개념을 발견하거나 만들어 낸 수학자들을 만날 수 있습니다. 수학자들은 세상을 이롭게 만들기 위해 수학에서 치열하게 해답을 찾았습니다. 그리고 자신이 찾아낸 놀라운 발견 앞에서 벅찬 기쁨을 누렸습니다. 이 책은 수학자들과 그들이 이룩한 수학에 관한 이야기입니다. 세상이 품은 문제에 해답을 제시한 수학자들의 '딱 한마디'를 통해 수학의 놀라운 비밀을 알려 주고 싶었습니다.

  수학은 인간의 역사입니다. 비록 배우기 어렵다고 하더라도 수학은 언제나 우리 곁에서 함께하는 하나의 생명체 같은 학문입니다. 부디 이 책을 읽으며 수학과 조금이나마 친해지기를 바랍니다.

수학자 김승태

막대기 하나로 피라미드 높이를 잴 수 있다

탈레스(기원전 624~545년경)

탈레스는 이름이 널리 알려진 사람이었어요. 어느 나라를 가든 사람들의 관심이 집중되었지요. 탈레스가 이집트를 여행할 때였어요. 이집트 왕 역시 탈레스의 명성을 익히 들어 잘 알고 있었지요. 이집트 왕은 탈레스가 얼마나 능력이 있는지 시험해 보고 싶은 마음이 들었어요. 그래서 웅장한 피라미드를 구경시켜 주겠다며 탈레스를 초대했어요. 그러고는 슬그머니 물었지요.

"탈레스, 그대는 저 높은 피라미드의 높이를 잴 수 있는가?"

당연히 이집트 왕은 탈레스가 피라미드의 높이를 잴 수 있을 거라고는 생각하지 않았어요. 당시 피라미드의 높이를 잴 수 있는 기구나 방법은 없었으니까요. 하지만 탈레스는 웅장한 피라미드를 위에서 아래로 한 번 쓱 보더니 미소를 지으며 말했어요.

"왕이시여, 막대기 하나로 피라미드 높이를 재 드리리다."

지혜로운 탈레스

탈레스는 그리스 최초의 철학자이자 과학자이며 수학자예요. 탈레스는 그리스의 작은 도시 밀레투스에서 태어났어요. 탈레스가 살던 시대에 사람들은 번개나 폭우, 지진 등의 자연 현상이 왜 일어나는지 알 수 없었어요. 그래서 모두 신의 뜻이라고 생각했지요. 하지만 밀레투스에 사는 사람들은 달랐어요. 그들은 자연 현상을 관찰해서 합리적으로 판단할 줄 알았어요. 이런 환경에서 자란 탈레스는 자연스럽게 철학적으로 사고하며 성장할 수 있었고, 철학과 과학뿐만 아니라 수학에서도 놀라운 업적을 이루었어요.

또한 탈레스는 어려운 문제들을 해결해 지혜로운 사람으로 널리 알려졌어요. 한번은 몇 년간 싸우던 소아시아의 리디아와 메디아 왕국의 전쟁을 멈추게 한 적도 있어요.

"전쟁을 계속한다면 달이 태양을 삼킬 것입니다."

탈레스는 두 나라에 예언했어요. 하지만 사람들은 탈레스를 미친 사람 취급하며 무시했고, 두 나라는 전쟁을 계속했어요. 그런데 정말 탈레스가 말한 날이 되자 달이 태양을 가려 세상이 온통 깜깜해

밀레투스 학파

밀레투스는 오늘날 터키 지방에 있었던 고대 그리스의 도시예요. 활발하게 무역이 이루어졌던 항구 도시로 경제적 여유를 바탕으로 객관적이며 논리적인 사고를 하는 밀레투스 학파를 낳았어요.

졌어요. 태양이 사라지자 두 나라의 왕은 깜짝 놀랐어요.

"큰일 났다. 신이 노하셨다. 당장 전쟁을 멈춰라!"

사실 탈레스는 오랜 관찰을 통해 달이 태양을 가리면서 주변을 어둡게 만드는 일식이라는 현상이 언제 일어나는지 알고 있었어요. 지혜로운 탈레스 덕분에 두 나라는 전쟁을 멈췄고, 백성들은 평화를 되찾았지요.

도형의 닮음과 비례식

　수천 년 전에 피라미드와 같은 높은 건물을 짓는 것도 대단한 일이지만, 그런 높은 건물의 높이를 재는 것도 대단한 일이었어요. 높이를 잴 만한 도구가 없었으니까요. 이집트 왕이 왜 탈레스에게 피라미드의 높이를 재 보라고 했는지 잘 알겠지요? 이집트 왕은 탈레스를 골탕 먹이고 싶었던 거예요.

　하지만 탈레스는 내리쬐는 태양 아래에서 흐뭇하게 미소 지으며 막대기 하나를 똑바로 세웠어요. 그러고 나서 막대의 그림자 길이와 피라미드의 가운데 부분에서부터 그림자 길이를 쟀지요. 그런 다음 막대의 길이를 잰 탈레스는 바닥에 무언가를 쓰기 시작했어요. 잠시

후 탈레스는 자신 있게 피라미드의 높이를 말했어요. 탈레스가 높이를 잴 수 있을 거라고 생각하지 못한 왕은 깜짝 놀랐어요.

"그대는 어떻게 피라미드에 올라가 보지 않고 높이를 잴 수 있단 말인가?"

"왕이시여, 저는 수학자입니다. 도형의 닮음과 비례식을 이용하면 굳이 높은 피라미드에 올라가지 않고도 얼마든지 높이를 잴 수 있습니다."

모양은 같지만 크기가 다른 두 도형을 '닮은 도형'이라고 해요. 닮음인 두 도형은 서로 대응하는 변의 길이의 비가 일정하지요. 닮음인 두 도형의 대응하는 변의 길이의 비를 '닮음비'라고 해요.

비례식은 비율이 같은 두 비를 등호(=)를 사용하여 나타낸 식이에요. 비례식의 안쪽에 있는 두 항을 내항, 바깥쪽에 있는 두 항을 외항이라고 하는데, 내항의 곱과 외항의 곱은 같아요.

탈레스가 피라미드의 높이를 구한 비례식은 다음과 같아요.

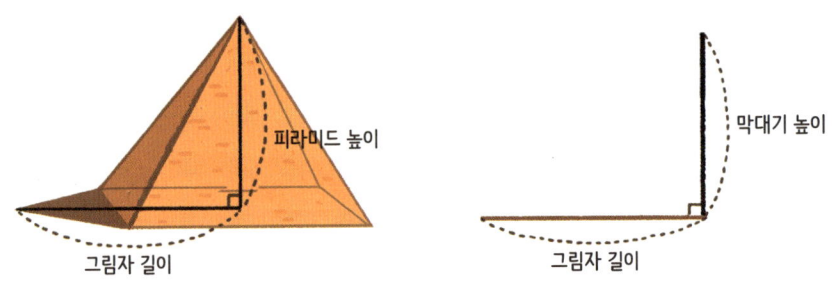

(막대기 높이) : (막대기 그림자 길이) =
(피라미드 높이) : (파라미드 그림자 길이)

우리가 알고자 하는 피라미드의 높이만 모르고 나머지 길이는 직접 잴 수 있기 때문에 비례식을 써서 계산하면 피라미드의 높이를 구할 수 있어요. 비례식은 아주 유용한 수학식이에요.

삼각형이 닮음일 때

1) 대응하는 세 쌍의 변의 길이의 비가 같을 때

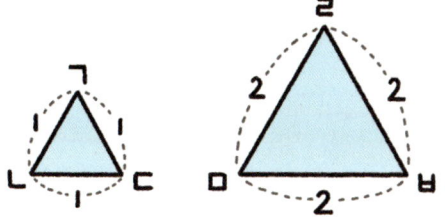

△ㄱㄴㄷ과 △ㄹㅁㅂ의 대응하는 변들의 길이의 비가 같으므로 두 삼각형은 닮음이에요.

ㄱㄴ:ㄹㅁ=1:2, ㄴㄷ:ㅁㅂ=1:2, ㄱㄷ:ㄹㅂ=1:2

2) 대응하는 두 쌍의 변의 길이의 비가 같고, 그 끼인각의 크기가 같을 때

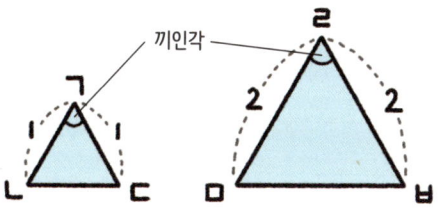

△ㄱㄴㄷ과 △ㄹㅁㅂ의 대응하는 두 변의 길이의 비가 같고, 그 끼인각의 크기가 같으므로 두 삼각형은 닮음이에요.

ㄱㄴ:ㄹㅁ=1:2, ㄱㄷ:ㄹㅂ=1:2, ∠ㄱ=∠ㄹ

3) 대응하는 두 쌍의 각의 크기가 각각 같을 때

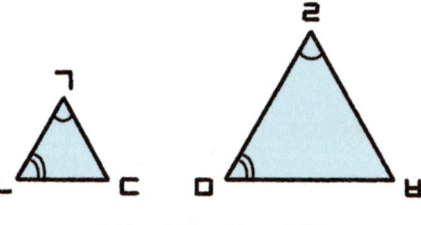

△ㄱㄴㄷ과 △ㄹㅁㅂ의 대응하는 두 쌍의 각의 크기가 같으므로 두 삼각형은 닮음이에요.

∠ㄱ=∠ㄹ, ∠ㄴ=∠ㅁ

어느 날, 노인이 된 탈레스가 길을 가다가 장작을 쌓고 있는 아이를 봤어요. 아이가 쌓은 장작은 아주 튼튼하고 체계적으로 쌓여 있었지요. 신기하게 생각한 탈레스는 방금 쌓은 장작을 흩트리더니 다시 쌓아 보라고 했어요. 그런데 소년은 방금 전과 똑같이 튼튼하게 장작을 쌓았지요. 마치 머릿속에 어떤 수학적 공식이 있는 것처럼 장작을 쌓는 행동에 망설임이 없었어요. 탈레스는 이 소년에게서 수학적 재능을 알아보고 제자를 삼았어요. 이 어린 소년이 바로 피타고라스였어요. 위대한 수학자로 성장한 피타고라스는 이런 말을 남겼지요.

"만물의 근원은 수이다."

수학적 재능이 있는 친구야.

수학의 신, 피타고라스

수학자 피타고라스는 그리스에 있는 사모스 섬에서 태어났어요. 그의 수학적 재능을 알아본 탈레스로 인해 어릴 때부터 열심히 공부한 피타고라스는 더욱 학문에 집중하기 위해 이집트로 유학을 갔어요. 당시 이집트는 학문을 배우기 위해 많은 학자들이 모이는 앞선 나라였거든요.

배움을 마치고 돌아온 피타고라스는 자신의 고향에 학교를 세웠어요. 피타고라스는 학교에서 수학은 물론 음악, 철학, 천문학 등 다양한 학문뿐만 아니라, 학문들과 종교를 연결시켜 가르쳤어요. 이후 피타고라스의 제자들로 이루어진 피타고라스 학파가 형성되었는데, 아주 엄격하고 독특한 계율을 가졌으며 피타고라스를 신처럼 받들었어요. 그래서 피타고라스 학파는 피타고라스 종교로 불리기도 했지요.

피타고라스 학파가 학문을 종교와 연결시키다 보니 현실적으로 약간 이상한 규칙도 있었어요. 예를 들어, 콩을 먹어서는 안 된다는 규칙이 있었어요. 또 떨어진 것은 절

그리스 사모스 섬에 있는 피타고라스 동상이에요.

대 주위서는 안 되고, 흰 수탉을 만지면 안 된다는 등 독특하고 엄격한 계율이 있었다고 해요.

만물의 근원, 수

종교에 관심이 많았기 때문일까요? 피타고라스는 만물의 근원이 무엇인지 밝히려는 철학적 노력을 계속했고, 결국 수학에서 답을 찾았어요.

"만물의 근원은 수이다."

피타고라스의 말에 제자들은 의아해서 물었어요.

"스승님, 만물의 근원이 수라니 무슨 말씀이세요?"

"이 세상은 수로 이루어졌다고 해도 지나친 말이 아니란다. 수에는 다양한 특성이 있거든. 예를 들어 1은 모든 수의 시작이지. 그다음에 나오는 2는 아직 정해지지 않은 수야. 그런데 1과 2를 더하면 삼각형을 만들 수 있는 3이 되지. 수로 도형을 만들 수 있다니 정말 대단하지 않니!"

그림처럼 정삼각형 모양을 만들 수 있는 점의 개수를 '삼각수'라고

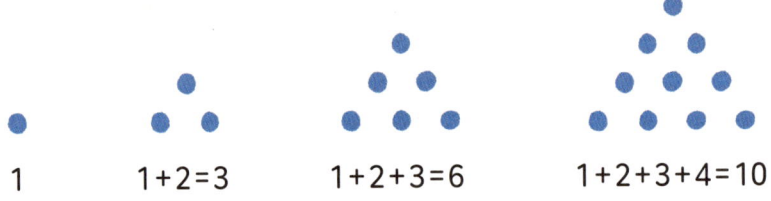

해요. 첫 번째 삼각수 1에 2를 더해서 두 번째 삼각수 3이 만들어져요. 여기에 3을 더하면 세 번째 삼각수 6이 만들어지고, 네 번째 삼각수는 10이 되지요. 피타고라스 학파는 10으로 만들어지는 삼각수를 특히 좋아했어요.

친구수와 부부수

또한 수에서 친구수와 부부수를 찾기도 했어요. 친구수는 말 그대로 두 수가 마치 친구처럼 관계를 맺는 거예요. 물론 사람처럼 대화를 나누는 것은 아니고, 수학적인 방법으로요.

예를 들면 220과 284가 친구수예요. 이 두 수가 어떻게 친구 같은 관계인지 두 수의 약수로 알 수 있어요. 약수는 어떤 자연수를 나누어떨어지게 하는 수예요. 220은 1, 2, 4, 5, 10, 11, 20, 22, 44, 55, 110, 220으로 나누어떨어져요. 220의 약수에서 자기 자신인 220만 빼고 다 더하면 284가 나와요. 이번에는 284의 약수를 구해서 자기 자신인 284만 빼고 다 더해 볼까요? 220이 나오는 걸 알 수 있어요.

$$1+2+4+5+10+11+20+22+44+55+110=284$$
$$1+2+4+71+142=220$$

피타고라스는 284와 220처럼 자신을 제외한 약수의 합이 서로 관계가 있는 수를 친구수라고 불렀어요.

부부수는 1과 자기 자신을 제외한 약수의 합이 서로 상대방의 수와 같아지는 수를 말해요. 예를 들어 48과 75가 있어요.

2+3+4+6+8+12+16+24=75

3+5+15+25=48

이 정도면 정말로 피타고라스의 말대로 만물의 근원은 수라고 할 만해요.

피타고라스의 정리

사실 피타고라스 하면 '피타고라스의 정리'가 가장 먼저 생각날 거예요. 피타고라스의 정리는 직각삼각형에서 생겨났어요. 말로 풀어서 설명하면 '직각삼각형의 빗변의 길이를 두 번 곱한 것은 밑변의 길이를 두 번 곱한 것과 높이를 두 번 곱한 것의 합과 같다'는 정리예요.

밑변의 길이를 a, 높이를 b, 빗변의 길이를 c라고 하고, 이를 식으로 나타내면 다음과 같아요.

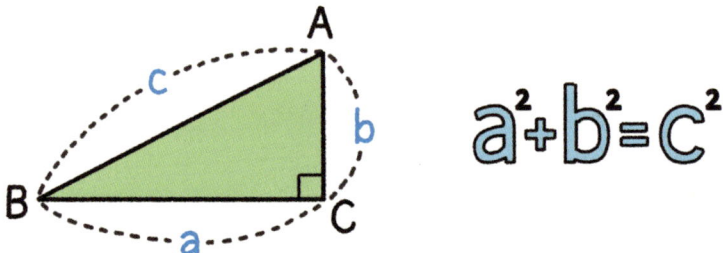

피타고라스는 이 정리를 어떻게 발견했을까요? 어느 날, 고개를 숙인 채 길을 걷던 피타고라스가 우연히 건물의 바닥을 봤어요. 문양이 일정한 바닥 타일을 보면서 불현듯 피타고라스의 머릿속에 어떤 생각이 스쳤지요.

"아, 저것은······."

피타고라스는 타일 문양에서 직각삼각형을 발견했어요. 그런데 자세히 보니 직각삼각형의 세 변을 각각 한 변으로 하는 정사각형이 그려지는 거예요. 더욱 놀라운 것은 직각을 끼고 있는 두 변을 기준으로 만든 두 정사각형의 넓이를 합한 값이 빗변을 기준으로 그린 정사각형의 넓이와 같았던 거예요.

이를 식으로 나타내면 다음과 같아요.

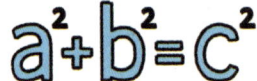

피타고라스의 정리는 매우 재미있기도 하지만 사실 기하학에서 매우 유용하게 활용할 수 있는 중요한 발견이에요. 피타고라스 이전에도 직각삼각형의 빗변의 길이를 두 번 곱한 것은 나머지 두 변의 길이를 두 번 곱한 것의 합과 같다는 것을 알고 있는 학자들이 있었어요. 그런데 왜 이 정리를 피타고라스의 정리라고 부를까요? 그건 피타고라스가 처음으로 이 식이 언제나 올바르다는 사실을 차근차근 정리하면서 밝혔기 때문이에요. 수학은 정확하게 설명할 수 있는지를 중요하게 생각하는 학문이에요.

일상생활에서 쓰이는 피타고라스의 정리

피타고라스의 정리는 건물을 지을 때, 토지를 측정할 때 등 일상생활에서 다양하게 활용해요. 가상의 직각삼각형을 만들면 되니까요.

배의 위치와 등대 높이를 알면 등대의 빛을 얼마나 쏘아야 배에 닿을 수 있는지 알 수 있어요.

이삿짐을 올리는 데 필요한 사다리의 길이를 알 수 있어요.

피타고라스의 정리는 우리나라 과학수사팀이 활용하는 '혈흔 형태 분석 노모그램'에서도 이용해요. 삼각함수를 활용해 핏자국의 긴 축과 짧은 축의 길이로 혈액이 어디에서 어떻게 튀었는지를 예측해요.

야구에서 '피타고라스 승률'이라는 승률 예측 방식도 있어요. 득점의 제곱에서 득점의 제곱 더하기 실점의 제곱을 나누면 피타고라스 승률이 나오는데, 피타고라스 정리와 비슷해서 붙여진 이름이에요.

피타고라스 승률 ▶ $\dfrac{\text{득점}^2}{\text{득점}^2 + \text{실점}^2}$

옛날에 왕들은 공부도 열심히 해야 했어요. 프톨레마이오스는 파라오로 불린 고대 이집트의 최고 통치자 중에서도 대단한 힘을 가진 왕이었어요. 그런 프톨레마이오스도 유클리드라는 수학자에게 수학을 배웠답니다. 그 당시 이집트에서 도형을 다루는 학문인 기하학은 아주 중요한 과목이었어요. 하지만 기하학은 배우기 어려웠지요. 어느 날 왕이 유클리드에게 말했어요.

"유클리드여, 나에게 기하학을 쉽게 배울 수 있는 방법을 좀 알려 다오."

유클리드는 매우 진지하지만 단호하게 대답했어요.

"위대한 왕이시여, 기하학을 배우는 데 왕이라고 해서 특별한 방법이 있는 것은 아닙니다."

기하학의 아버지

유클리드는 이집트의 알렉산드리아 도서관에서 학생들에게 수학을 가르치는 교수였어요. 알렉산드리아는 이집트에 있었던 당대 최고의 항구 도시로 경제와 문화의 중심지였어요. 유클리드는 수학사에 길이 빛나는 책을 남겼어요. 기하학 교과서로 불리는 〈원론〉이라는 책이에요. 오늘날 수학 교과서에 나오는 도형에 대한 대부분의 설명이 이 책에 나와요. 그러니까 우리가 배우고 있는 기하학은 거의 대부분 유클리드 기하학인 거예요. 〈원론〉은 수학서인데도 세계에서 가장 많이 읽었다는 〈성경〉 다음으로 많은 사람들이 읽은 책이에요. 다양한 언어로 번역되었고, 무려 2천 년간 기하학의 뿌리를 이루었어요.

유클리드 〈원론〉의 일부분

기하학(geometry)은
도형의 넓이, 길이, 각도 등을 재거나 점, 직선, 곡선, 면, 부피 등 공간의 성질을 연구하는 학문이에요. 인류가 농사를 짓고 건축물을 지으면서 토지를 측량하기 위해 연구가 시작된 수학에서 가장 오래된 분야예요.

geo 토지

metry 측량하다

유클리드 〈원론〉

유클리드의 〈원론〉은 도형의 성질을 논리적이고 체계적으로 밝혀 놓은 책이에요. 이 책에서는 정의 23개와 공리 5개를 기본으로 465개의 명제를 증명했어요. 공리는 증명이 필요하지 않은 자명한 진리로 인정되어 다른 가설을 증명하는 데 기본이 되는 원리예요. 이 책에 나온 공리와 증명을 통해 여러 해결하기 어려운 기하학 문제를 해결할 수 있게 된 거예요. 오늘날 우리가 쓰는 교과서의 도형 부분은 거의 유클리드에 의해 정리된 내용이에요. 예를 들어 볼까요?

여기 두 점이 있어요.

●   ●

두 점을 서로 연결하면 선이 만들어져요.

●────────────●

당연한 것 같다고요? 하지만 이 당연해 보이는 게 유클리드 기하학의 시작이에요. 기하학에서 누구나 옳다고 인정하는 사실을 정해서 정리한 책이 바로 유클리드의 〈원론〉이에요.

앞에서 예를 든 두 점을 지나는 직선은 〈원론〉에서 다음과 같이 밝히고 있어요.

"임의의 점으로부터 다른 임의의 점에 대해 직선을 그을 수 있다."

또한 다음과 같이 정의를 내리고 있어요.

"선은 폭이 없는 길이이다."

"선의 양 끝은 점으로 이루어져 있다."

그러니까 만약 폭이 있는 도형이라면 〈원론〉의 정의에 의해 '선'이 될 수 없는 거예요.

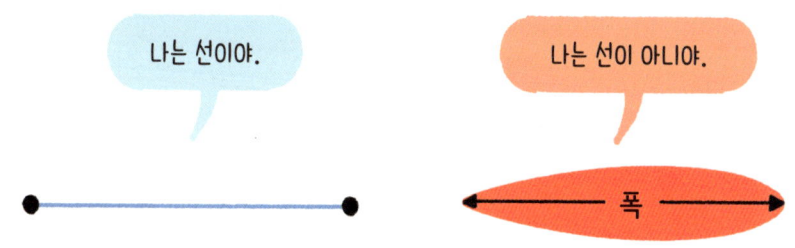

유클리드 〈원론〉에 따르면 점은 크기는 없고 위치만 있는 것이고, 면은 높이는 없고 넓이만 가진 것을 말해요. 점들이 모여 선을 이루고 선들이 모여 면을 이루지요.

그런데 여기서 하나의 모순이 생겨요. 어떻게 점을 찍더라도 크기가 생긴다는 거예요. 그래서 이런 경우는 '무정의 용어'라고 해서 정의 없이 그냥 따르기로 했어요.

진정한 수학자, 유클리드

"수학을 모르는 자는 여기에 들어오지 마라."

도서관 입구에 유클리드가 쓴 말이에요. 그 당시 수학을 좀 한다는 학생들은 다 유클리드에게 배웠어요. 유클리드는 수학만 잘했던 게 아니에요. 물리학도 공부했고 빛의 성질을 연구하는 광학과 천문학에도 수학을 활용하여 업적을 남겼답니다.

유클리드는 다른 수학자들이 잘못 알고 있는 내용을 바로잡는 책도 썼어요. 유클리드는 어떤 사실을 증명한 후 그리스어로 '이것이 보여져야 할 것이었다'라는 문장을 썼어요. 'Q.E.D.'는 이를 라틴어로 옮긴 'Quod Erat Demonstrandum'의 약자예요. 오늘날 많은 수학자들도 증명을 마치면 'Q.E.D.'라고 써요. 오직 수학에 진심이었던 유클리드에게 존경을 표하기 위한 수학자들의 마음이지요.

비유클리드 기하학

도형을 다루는 기하학에는 유클리드가 미처 생각해 내지 못한 내용을 발견하여 만든 비유클리드 기하학이라는 것도 있어요. 비유클리드에서 비(非)라는 한자어는 유클리드가 '아니'라는 뜻으로 쓰이는 말이에요. 즉 유클리드 기하학과는 차이가 있는 다른 내용을 담고 있다는 뜻이지요.

먼저 비유클리드 기하학이 유클리드 기하학과 어떻게 다른지 비교해 볼까요? 유클리드 기하학에서 삼각형의 내각의 합은 언제나 180°예요.

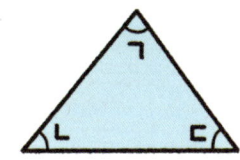

하지만 비유클리드 기하학에서는 삼각형의 내각의 합이 꼭 180°가 되지 않는 경우도 있어요. 예를 들어 바람이 빠져 있는 풍선 위에 삼각형을 그려 보세요. 그런 다음 풍선에 바람을 불면 삼각형은 어떻게 될까요? 부풀어 오른 삼각형은 세 내각의 합이 180°보다 크게 돼요.

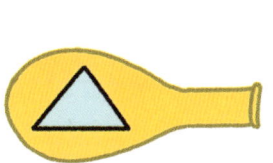 

비유클리드 기하학은 우리 생활과 밀접한 관련이 있어요. 지구는 바람이 들어간 풍선처럼 동그란 공 모양이에요. 이런 지구에서 비행기를 타고 다른 곳으로 날아가려면 '대권 항로'라는 곡선을 이용해야 가장 빨리 갈 수 있어요. 대권 항로에 이용되는 학문이 바로 비유클리드 기하학이에요.

기원전 212년, 고대 그리스의 주요 도시 중 하나였던 시라쿠사는 로마의 침입을 받았어요. 시라쿠사 곳곳을 들쑤시던 로마 병사가 아르키메데스의 집까지 쳐들어왔어요. 그리스의 수학자 아르키메데스는 원을 연구하는 데 몰두한 나머지 미처 로마 병사의 침입을 피해 달아나지 못했어요. 로마 병사는 아르키메데스가 땅에 그려 놓은 원을 마구 짓밟으며 집 안을 뒤졌지요. 화가 난 아르키메데스는 로마 병사를 향해 소리쳤어요.
　"내 원을 밟지 마라!"
　로마 병사는 자신을 막아서는 아르키메데스에게 칼을 휘둘렀어요. 결국, 위대한 수학자였던 아르키메데스는 죽음을 맞았지요. 그의 무덤 앞에는 그가 그토록 사랑했던 도형을 새긴 묘비가 세워졌어요. 그 도형은 바로 원기둥 안에 맞게 들어가는 원뿔과 구였어요.

유레카!

아르키메데스는 시칠리아 섬에 있는 도시, 시라쿠사에서 태어났어요. 사람들이 해결하지 못한 어려운 문제를 푸는 것을 좋아했고, 지렛대 원리를 발견하여 다양한 발명품을 만들어 내기도 했어요.

어느 날, 시라쿠사의 왕이 불쾌한 소문을 들었어요.

"뭐라고? 내 왕관에 황금 말고 다른 불순물이 섞여 있다고?"

왕은 무척 기분이 나빴지만 사실을 확인할 길이 없었어요. 왕관이 순수한 황금으로 만들어졌는지를 알려면 왕관을 녹이는 수밖에 없었으니까요. 고민하던 왕이 아르키메데스를 불렀어요.

"아르키메데스여, 부디 나의 고민을 해결해 다오."

하지만 해결사 아르키메데스도 마땅히 좋은 방법이 생각나지 않았어요. 며칠을 고민하던 아르키메데스는 좀 쉬려고 목욕을 했어요. 욕조에 몸을 담그자 욕조에 있는 물이 넘쳤지요. 그 순간 좋은 생각이 떠오르자 아르키메데스는 외쳤어요.

"유레카!"

유레카는 시칠리아 말로 '알아냈다'라는 뜻이에요. 아르키메데스는 자신이 알아낸 사실이 너무 기쁜 나머지 발가벗은 채로 뛰쳐나갔어요.

아르키메데스가 알아낸 것은 바로 부력의 원리예요. 부력은 물체가 물이나 공기 중에서 뜰 수 있게 해 주는 힘이에요. 부력은 물체

에 따라 달라져요. 그러니까 왕관을 물에 넣었을 때 넘치는 물의 양은 왕관과 무게가 같은 황금을 물에 넣었을 때 넘치는 물의 양과 같을 거예요. 만약 왕관에 불순물이 섞여 있다면 넘치는 물의 양은 다르겠죠. 아르키메데스는 부력의 원리를 이용해서 문제를 해결했답니다.

도형을 사랑한 아르키메데스

아르키메데스는 도형을 다루는 기하학에서 뛰어난 실력을 자랑했어요. 단순히 연구만 한 게 아니라 연구한 것을 실생활에 적용했지요. 아르키메데스가 알아낸 방법은 2천여 년 후, 뉴턴과 라이프니츠가 발명한 미적분학의 기초가 되었어요.

도형 중에서 원을 특히 사랑했던 아르키메데스는 원주율을 많이 연구했어요. 원주율은 원의 둘레인 원주를 원의 지름으로 나눈 비율로, 원의 크기가 달라져도 원주율은 항상 똑같아요. 원주율은 늘 일정하기 때문에 지름이나 반지름을 알면 원의 둘레를 쉽게 구할 수 있어요.

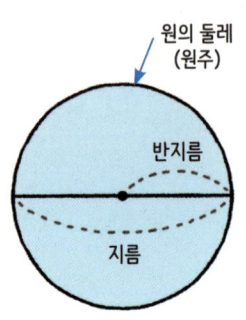

원주율 측정

기원전 2000년경 고대 이집트 사람들은 막대와 끈을 이용해서 원주율을 계산했어요. 이는 수학적 계산이 아닌 측정에 의해 원주율을 계산한 방법이었어요.

① 끈과 막대를 이용해 원을 그려요.

② 다른 끈으로 원의 지름을 재요.

③ 원의 둘레를 원의 지름과 같은 길이의 끈으로 둘러요.

④ 끈을 세 번 두르고도, 1/7만큼 더 필요해요.

우리는 원주율을 '파이'라고 부르며 기호로는 π로 나타내요. 원주율 파이는 소수점 아래가 끝없이 무한으로 이어져요.

π = 3.14159……

그래서 원주율은 근삿값을 사용해서 나타내요. 보통은 3.14로 사용해요.

아르키메데스는 원의 안쪽과 바깥쪽에서 둘러싸는 다각형을 이용하여 긴 원주율의 값을 알아내려고 했어요. 최초로 수학적인 방법으로 원주율을 계산한 거예요. 아르키메데스의 계산으로 나온 원주율은 오늘날 원주율의 값과 거의 같아요.

오늘날은 원주율의 끝없는 행진을 슈퍼컴퓨터가 계산하고 있어요. 지금까지 소수 수백 조 자리까지 원주율의 값을 계산했어요.

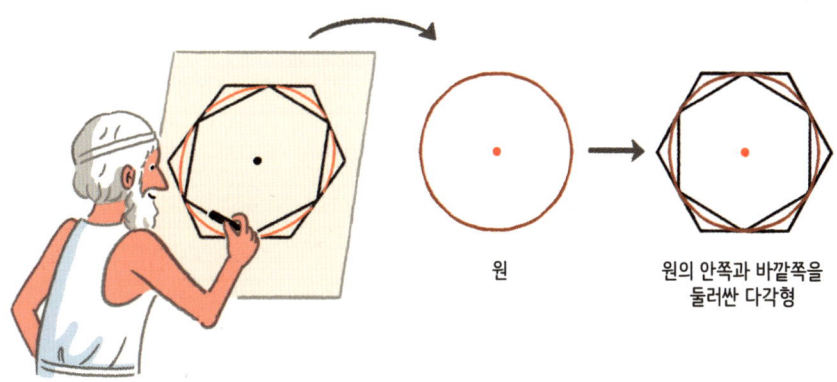

원 / 원의 안쪽과 바깥쪽을 둘러싼 다각형

원기둥과 구와 원뿔의 부피비

아르키메데스의 묘비에 새겨진 도형은 원기둥과 구와 원뿔의 부피비와 관련이 있어요. 아르키메데스는 실험을 통해 이들의 부피비를 증명해 냈어요. 부피비 실험을 알아볼까요?

먼저 물이 가득 들어 있는 원기둥에 구를 넣어 봐요. 그러면 구의 부피만큼 물이 넘치겠죠. 구를 꺼내고 원기둥에 남은 물의 부피를 확인하면 구의 부피를 알 수 있어요.

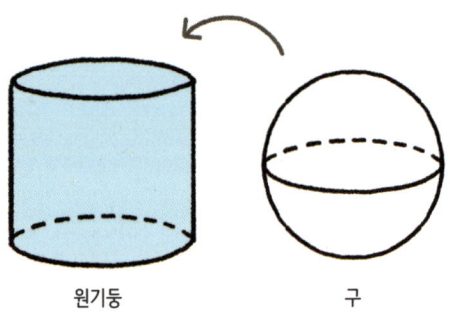

원기둥   구

구를 넣고 난 후 넘친 물의 양 = 구의 부피 ▶ 원기둥 부피의 $\frac{2}{3}$

다시 원기둥 안에 물을 가득 채운 후 이번에는 원뿔을 넣어요. 그러면 원뿔의 부피만큼 물이 넘치겠죠. 원뿔을 꺼내고 원기둥에 남은 물의 부피를 확인하면 원뿔의 부피를 알 수 있어요.

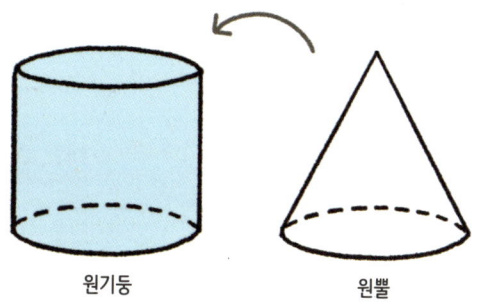

원기둥   원뿔

원뿔을 넣고 난 후 넘친 물의 양 = 원뿔의 부피 ▶ 원기둥 부피의 $\frac{1}{3}$

원기둥의 부피를 1로 보면 구의 부피는 $\frac{2}{3}$, 원뿔의 부피는 $\frac{1}{3}$이 되는 거예요. 각각 3배를 해 보면 원기둥, 구, 원뿔의 부피는 3, 2, 1이 되겠죠?

원기둥의 부피 : 구의 부피 : 원뿔의 부피 = 3 : 2 : 1

이 부피비를 이용하면 구나 원뿔의 부피를 구하는 공식을 몰라도 구나 원뿔의 부피를 쉽게 구할 수 있어요.

아르키메데스는 수학과 과학의 원리를 이용하여 수많은 발명품을 만들었어요. '아르키메데스의 스크루'라고 불리는 나선식 펌프는 나선형 모양으로 만든 관을 돌려서 물을 위로 끌어 올리는 양수기예요. 오늘날에도 이집트 농촌에서 사용하고 있을 정도로 대단한 발명

품이지요.

  또한 적을 향해 돌을 던져 올리는 투석기, 도르래, 도르래의 원리를 이용해서 무거운 물건을 들어 올리는 기중기 등을 만들어서 로마의 침입을 막아 내는 데 큰 도움을 주기도 했어요. 작은 도시였던 시라쿠사가 로마의 침입을 잠시나마 막을 수 있었던 것은 아르키메데스의 발명품 덕분이지요.

똑똑똑 수학

"내 묘비에 있는 방정식을 풀어 보라."

디오판토스는 3세기 고대 그리스의 수학자예요. 디오판토스는 수학에서 기호를 맨 처음 사용했어요. 만약 기호가 없다면 수학은 지금보다 훨씬 더 어려워졌을 거예요. 예를 들어 다음과 같은 연산식이 있어요.

4+5-7=2

만약 기호가 없다면 다음과 같이 글로 나타내야 하겠죠.

4 더하기 5 빼기 7은 2이다.

간단한 연산식에서도 번거로움이 느껴지는데 더욱 복잡한 수학 문제를 기호 없이 표현한다면 정말 길고 어려워질 거예요. 디오판토스가 쓴 〈산수론〉이라는 책은 많은 수학자들에게 필독서로 읽혔어요.

디오판토스의 묘비에는 방정식 문제가 새겨져 있어요. 이 문제를 기호를 사용하면 간단한 식으로 나타낼 수 있어요. 디오판토스가 죽은 나이를 모르니까 ■라고 하면 식은 다음과 같아요.

$$■ = \frac{■}{6} + \frac{■}{12} + \frac{■}{7} + 5 + \frac{■}{2} + 4$$

"디오판토스는 그의 생애의 $\frac{1}{6}$을 소년으로 보냈고 $\frac{1}{12}$을 청년으로 보냈으며, 그 뒤 $\frac{1}{7}$이 지나서 결혼을 했다. 결혼한 지 5년 뒤에 아들을 낳았고 그 아들은 아버지의 나이의 반을 살다 죽었다. 아들이 죽은 지 4년이 지나 아버지가 죽었다. 디오판토스는 몇 살까지 살았을까?"

그리스의 수학자이며 철학자인 히파티아는 수학을 가르치고 책을 쓴 최초의 여성이었어요. 히파티아의 아버지는 히파티아가 어릴 적부터 말타기, 노 젓기, 수영, 수학과 과학, 웅변하는 방법 등을 가르쳤어요. 히파티아는 자라면서 수학과 철학에서도 우수함을 발휘했으며 훌륭한 연설가, 유명한 교사가 되었지요. 히파티아의 강의를 듣기 위해 도시의 상류층과 부자들의 마차가 매일 길게 줄을 섰고 교실은 초만원이었다고 해요. 히파티아의 명성은 더욱 높아졌고, 수많은 남자들이 청혼했어요.

하지만 히파티아는 다음과 같이 말했어요.

"나는 진리와 결혼했다."

다재다능한 히파티아

히파티아는 기원후 370년경에 태어났어요. 그녀의 아버지 테온은 알렉산드리아 도서관에서 수학을 가르치는 유명한 교수였어요. 당시 이집트의 알렉산드리아는 세계 학문의 중심지였어요. 많은 학자들이 이곳에 모여 공부했지요. 히파티아는 예술, 문학, 자연 과학, 철학 등 다방면에 소질을 보였어요. 한마디로 천재였지요.

히파티아는 건강을 무척 신경 쓰는 아버지의 배려로 음식까지 절제하며 먹었다고 해요. 심지어 히파티아의 아버지는 히파티아를 위해 미용 체조를 개발했다고도 해요. 히파티아는 아버지의 바람에 따라 점점 완전한 인간이 되어 갔어요. 아니 그렇게 되도록 열심히 노력했지요.

높은 학식과 덕망을 쌓은 히파티아는 많은 사람들의 존경을 받았어요. 외국을 여행하는 동안 가는 곳마다 왕족과 귀족에게 환영을 받았어요. 히파티아의 인기는 날이 갈수록 높아졌고, 마치 여신처럼

알렉산드리아 도서관
당대 최대 도서관으로 수많은 도서가 있었을 뿐만 아니라 연구, 편찬까지 이루어진 학습의 장이었어요. 2002년에 고대 알렉산드리아 도서관을 기리며 새롭게 개관했어요.

대우받았지요. 유럽, 아시아, 아프리카에서도 그녀의 강의를 듣기 위해 사람들이 몰려왔답니다.

히파티아는 많은 왕족이나 학자들이 청혼했지만 거절하고 평생 독신으로 지내며 학문에 힘썼어요.

"나는 이미 진리와 결혼했다."

히파티아는 학생들을 위해 많은 수학 해설서를 썼다고 해요. 하지만 히파티아가 쓴 책들은 난폭한 폭도들에 의해 불타서 없어지고 몇몇 자료만 남아 있어요. 히파티아와 같은 시대를 살았던 학자들에 의하면 히파티아가 쓴 책들은 학문적으로 높은 경지에 있었다고 해요. 15세기경 바티칸 도서관에서 히파티아가 쓴 책 〈디오판토스의 천문학적 계산에 관하여〉의 일부가 발견되었고, 이외에도 히파티아가 썼다고 알려진 책으로 〈아폴로니오스 원뿔 곡선에 관한 해설서〉, 〈유클리드 원론에 관한 해설서〉 등이 있어요. 특히 히파티아의 책은 학생들을 위해 자상하게 풀이되어 있는 게 특징이었어요. 히파티아의 책은 당시 그 어떤 책보다 최고의 참고서이자 해설서였지요.

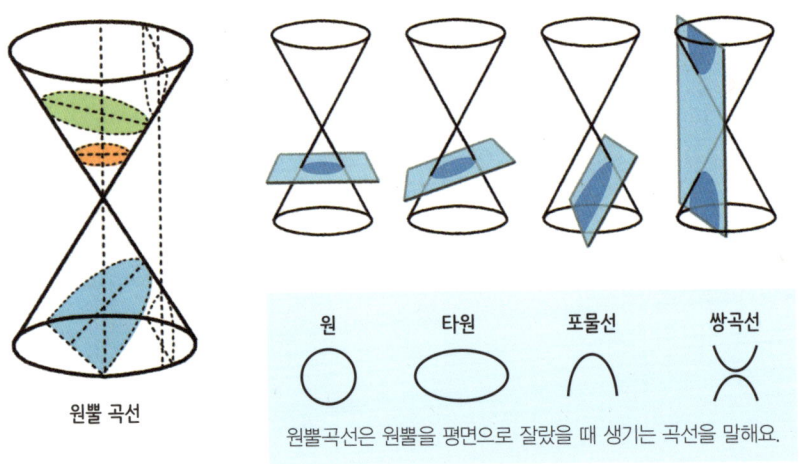

원뿔 곡선

원   타원   포물선   쌍곡선

원뿔곡선은 원뿔을 평면으로 잘랐을 때 생기는 곡선을 말해요.

불운한 천재 수학자

당시 수학은 천문학과 점성술을 연결하는 도구로써 활용되기도 했어요. 약간 우습지만 어떤 사람이 지금 어디쯤 있는지를 수학적으로 계산하여 알아내려고도 했지요. 옛날에 고안해 낸 GPS 같은 느낌이네요. 피타고라스 역시 수학을 추종하며 종교와 연결시키려고 했던 걸 기억하지요? 고대는 과학적인 학문보다는 종교가 사람들에게 더 많은 영향을 주는 시대였음을 안다면 이해하기 쉬울 거예요.

하지만 히파티아는 굉장히 이성적인 사람이었어요. 명철한 머리를 가진 그녀에게 맹신적인 믿음은 문제가 있어 보였지요. 히파티아는 당시 사회가 받아들이기 어려운 위험한 말을 했어요.

"독단적인 종교는 사람을 현혹시키는 것이어서 자존심 있는 사람이라면 절대로 받아들여서는 안 된다."

이 말은 히파티아의 삶에 불운을 가져와요. 히파티아는 인간의 이성보다는 종교를 맹신하는 사람들에게 미움을 받게 되었어요. 기원후 412년, 맹목적인 믿음을 가진 키릴로스가 알렉산드리아의 주교가 되면서 히파티아는 괴롭힘을 당했어요. 결국 주교의 명령을 받은

점성술은
하늘의 별들을 관측하여 인간의 운명과 미래를 예측하는 방법이에요. 하늘에서 일어나는 일과 땅에서 일어나는 일이 서로 영향을 준다는 믿음에서 시작되었어요.

폭도들이 대학으로 강의를 가던 히파티아를 잔인하게 살해했어요.

여성 최초의 수학자, 히파티아는 이렇게 어이없는 죽음을 맞았어요. 하지만 강직한 히파티아의 삶은 예술가들에게 영감을 불러일으켰어요. 히파티아는 18세기 근대 유럽 문학 작품과 예술 작품에도 종종 등장했어요. 죽는 그날까지 학문과 학생들을 위한 강의 연구에 최선을 다한 그녀의 열정은 영화로 제작되기도 했지요. 예술 작품 속에서 히파티아는 늘 젊고 똑똑하며 아름답게 나와요. 히파티아가 아끼는 제자였던 시네시우스는 그녀를 가리켜 '플라톤의 머리와 아프로디테의 몸'을 지녔다고 이야기했어요.

똑똑똑 수학

여성 수학자들

히파이티아 말고도 여성 수학자들은 많아요.

소피 제르맹은 프랑스의 여성 수학자이자 물리학자예요. 그녀는 '수학의 왕'이라고도 불리는 가우스와 편지로 수학에 관한 이야기를 주고받은 것으로 유명하며, 19세기의 히파이티아로 불렸어요.

소피 제르맹(1776~1831년)

러시아의 천재적인 수학자 소피아 코발레프스카야는 미적분에서 대단한 업적을 남겼어요. 코발레프스카야는 어려서부터 수학과 과학에 남다른 관심을 보였으며, 11세에 당대 유명한 수학자의 미적분 강의록을 자신의 방에 몽땅 써 붙일 정도로 수학에 열정을 보였어요.

소피아 코발레프스카야(1850~1891년)

에미 뇌터는 독일의 수학자예요. 주로 대수학을 연구하여 많은 업적을 남겼어요. 여자라는 이유로 차별받아 대학에서 강의를 할 수 없게 되자 수학자 힐베르트가 나서서 항의할 정도로 실력을 인정받았어요. 자신의 이름을 딴 뇌터 정리를 발표했어요.

에미 뇌터(1882~1935년)

수들은 자연 속에서 규칙적으로 움직인다

피보나치(1170~1250년경)

1, 1, 2, 3, 5, 8, 13, 21, 34, 55……

이 수들에서 규칙이 보이나요? 그냥 아무 수나 나열한 것 같다고요? 그럼, 다음과 같이 해 보세요. 먼저 첫 번째와 두 번째 수를 더해 보세요.

1+1=2

그다음에 두 번째와 세 번째 수를 더해 보세요.

1+2=3

이제 세 번째와 네 번째 수를 더해 보세요.

2+3=5

규칙이 보이지요? 5 다음에 나오는 수 8은 네 번째 수와 다섯 번째 수를 더해서 나왔다는 것을 알 수 있어요. 이 규칙은 바로 피보나치 수열이에요. 이탈리아의 수학자 피보나치가 발견했어요. 수들의 규칙을 발견한 피보나치는 말했어요.

"수들은 자연 속에서 규칙적으로 움직인다."

0과 인도 아라비아 숫자를 유럽에 알리다

피보나치는 어릴 적부터 장사를 하는 아버지를 따라다니며 여러 나라에서 수학 지식을 얻었어요. 그 지식들을 모아 〈산반서〉라는 책을 썼어요. 물건을 사고파는 데 필요한 계산법을 주로 담은 책이에

요. 상인들이 무게와 길이를 측정하거나 다른 나라와 화폐를 교환할 때 도움을 주는 수학책이었지요. 이뿐만 아니라 정수와 분수의 계산, 피타고라스의 정리 등도 나와요.

피보나치의 〈산반서〉라는 책을 빼놓고 유럽 수학의 발전을 얘기할

수 없어요. 왜냐하면 이 책에서 인도의 '0'을 소개했기 때문이에요. 이전에 유럽에서는 0을 수의 개념으로 이해하지 않았어요. 0은 그냥 아무것도 없다는 뜻이기 때문에 수의 역할을 하지 못했지요. 하지만 수학에서 0은 자리를 표시하는 역할을 해요. 만약 0이라는 숫자가 없으면 우리는 202라는 수와 22라는 수를 구별하는 데 혼란을 느낄 거예요. 0을 사용하지 않았던 옛날에 사람들은 그 자리를 띄워서 표시했답니다.

또한 피보나치는 〈산반서〉를 통해 인도 아라비아 숫자를 유럽에 전파시켰어요. 오늘날 우리가 쓰고 있는 1, 2, 3, 4……가 바로 인도 아라비아 숫자예요. 당시 유럽에는 인도 아라비아 숫자가 없었어요. 그럼 뭘로 썼냐고요? 로마 숫자를 사용했답니다. 오늘날 로마 숫자는 시계에서 시간을 표시하거나 책이나 문서에서 목차나 순서를 표시할 때 주로 사용해요.

옛 인도 숫자에서 0의 모습을 볼 수 있어요.

0의 발견

0은 양수와 음수 다음으로 발견되었어요. 인도에서 가장 먼저 0과 음수를 쓰기 시작했지요. 0은 인도의 산스크리트어로 '비었다'라는 뜻이에요. 초기에는 점으로 표기하다가 나중에 지금과 같은 모양이 되었어요.

1	2	3	4	5
I	II	III	IV	V
6	7	8	9	10
VI	VII	VIII	IX	X

로마 숫자

　로마 숫자는 인도 아라비아 숫자보다 계산하는 데 번거로웠어요. 수가 커지거나 식이 복잡해지면 로마 숫자로 표기하기에 더욱 버거웠죠. 반면 인도 아라비아 숫자는 간결하게 표현할 수 있는 강력한 힘을 가졌어요. 피보나치는 인도 아라비아 숫자의 유용함을 꿰뚫어 봤던 수학자예요. 수학자 피보나치의 노력이 없었다면 인도 아라비아 숫자는 유럽에 퍼져나갈 수 없었을 거예요. 피보나치의 〈산반서〉는 유럽 수학의 발전에 엄청난 도움을 주었어요.

피보나치 수열

　피보나치가 쓴 〈산반서〉에는 재미있는 문제가 많이 나와요. 다음 문제를 한번 풀어 볼까요?

　어린 토끼 한 쌍이 있어요. 한 달이 지나면 어른 토끼가 되고 다시 한 달이 지나면 새끼 토끼 한 쌍을 낳을 수 있지요. 그 새끼 토끼 역시 한 달이 지나면 어른 토끼가 되고, 태어난 지 두 달 후에는 한 쌍의 토끼를 낳을 수 있어요. 그럼, 일 년이 지나면 토끼는 모두 몇 쌍일까요?

토끼가 몇 쌍씩 늘어나는지 그림으로 알아볼까요?

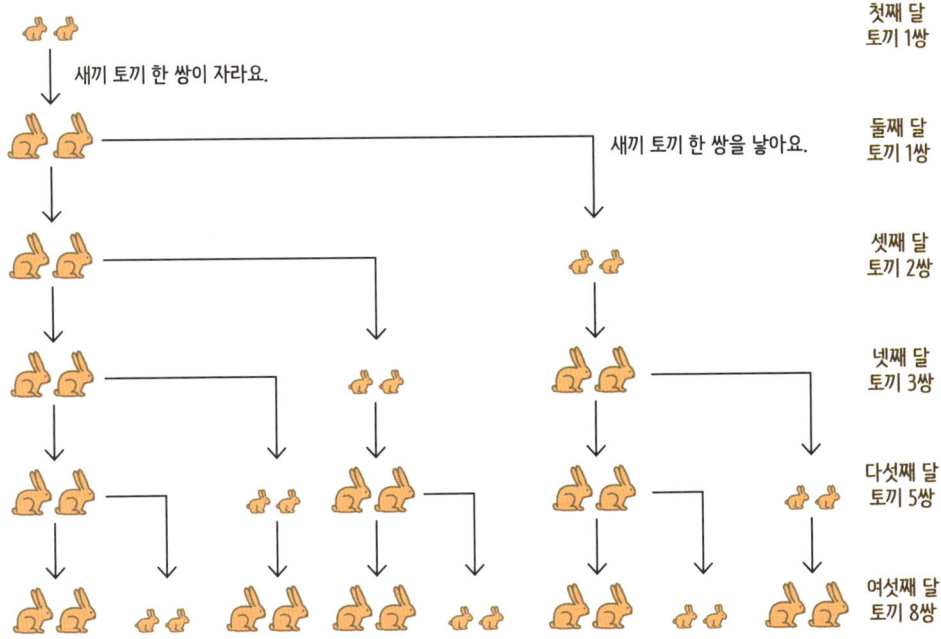

토끼가 몇 쌍씩 늘어나는지 수로 나타내면 다음과 같아요.

1, 1, 2, 3, 5, 8……

아무런 의미가 없어 보이는 이 숫자들에서 피보나치는 규칙을 발견했어요. 앞의 두 수를 더하면 바로 다음 수가 되는 규칙이에요.

1, 1, 2, 3, 5, 8……
　　(1+1) (1+2) (2+3) (3+5)

이렇게 연속하는 두 수의 합이 다음 수가 되는 규칙을 '피보나치 수열'이라고 해요. 수열은 일정한 규칙을 가지고 배열된 수를 말해요.

더욱 놀라운 점은 피보나치 수열은 자연 속에서도 발견할 수 있다는 거예요. 예를 들어, 꽃잎의 개수에서 피보나치 수열을 발견할 수 있어요. 나팔꽃의 꽃잎은 1장, 꽃기린은 2장, 물양귀비는 3장, 채송화는 5장, 코스모스는 8장, 시네라리아는 13장이에요. 꽃잎의 개수

나팔꽃　　　　　꽃기린　　　　　물양귀비

채송화　　　　　코스모스　　　　시네라리아

가 피보나치 수열을 따르는 걸 알 수 있어요. 꽃잎의 개수가 이렇게 겹쳐지면 꽃봉오리가 암술과 수술을 보호하는 데 가장 효율적이라고 해요.

앵무조개의 껍데기에서도 피보나치 수열을 볼 수 있어요. 껍데기의 회전하는 곡선 비율을 따져 보면 피보나치 수열을 따른다는 걸 알 수 있지요.

 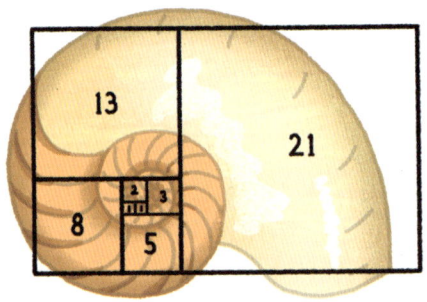

자연은 가장 이상적인 형태를 띠는 쪽으로 발전해 왔고, 그 속에는 수학이 있었던 거예요. 피보나치가 발견한 것은 자연 속의 수학이었어요.

피보나치 수열과 황금비

피보나치 수열 1, 1, 2, 3, 5, 8, 13······ 을 분수로 배치하면 황금비가 만들어져요. 황금비는 인간이 시각적으로 가장 아름답다고 느끼는 비율로, 약 1 : 1.618이 되는 비율을 말해요.

피보나치 수열에서 연속한 앞뒤 수의 비율을 $\frac{2}{1}, \frac{3}{2}, \frac{5}{3}, \frac{8}{5}, \frac{13}{8}, \frac{21}{13}, \frac{34}{21}, \frac{55}{34}, \frac{89}{55}$ ······ 이런 식으로 계속해서 만들어 가면 1.618이란 황금비에 서서히 접근해요.

황금비는 아름다움을 표현하기 위한 예술 작품이나 건축물에 많이 쓰여요. 인간의 신체를 아름답게 표현한 조각상도 황금비를 따랐어요. 파르테논 신전이 아름답게 보이는 이유에는 황금비를 따른 점도 있지요.

일상생활에서도 황금비를 이용한 예를 찾을 수 있어요. 우리가 흔히 사용하는 신용카드, 책, A4용지 등에서 가로세로의 비율이 황금비로 이루어져 있어요. 피보나치 수열에는 이런 아름다움이 숨어 있는 셈이지요.

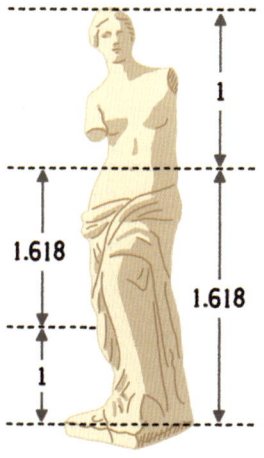
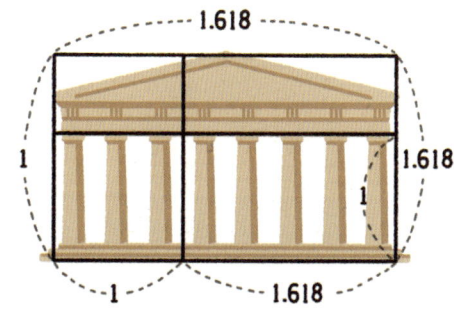

페르마는 변호사가 직업이었지만 수학을 매우 좋아하고 잘하는 수학자이기도 했어요. 수학 문제 풀기를 매우 좋아했는데 그중에서 디오판토스가 쓴 〈산수론〉이라는 수학책 속에 있는 미해결 문제를 푸는 것을 특히 좋아했답니다. 그러던 어느 날 페르마는 〈산수론〉이라는 책에 글 한 줄을 남겨요.

"해결했다. 하지만 여백이 부족해서 증명은 생략한다."

그가 남긴 이 글 한 줄 때문에 수백 년간 수학자들은 골머리를 썩여요. 수학자들은 페르마가 증명 방법을 적어 놓지 않은 이 문제를 가리켜 '페르마의 마지막 정리'라고 불렀어요. 수백 년간 기라성 같은 많은 수학자가 페르마가 생략한 증명을 해내려고 도전했지만 모두 실패했어요. 1994년 영국의 수학자 앤드류 와일즈가 해결해 내기 전까지 말이에요.

확률론의 창시자

17세기 프랑스에서 태어난 페르마는 대학에서 법률학을 공부하여 변호사가 되었어요. 그러나 시간이 날 때마다 취미 삼아 수학을 공부했지요. 취미로 수학을 공부하다니 좀 의아한가요? 하지만 페르마의 수학 실력은 단순히 취미에 그치기에는 너무 대단했어요. 페르마는 데카르트와 함께 기하학과 미적분학에서 대단한 수학사적 업적을 남겼거든요.

또한 페르마는 파스칼과 함께 확률론의 창시자가 되었어요. 확률은 수학자 파스칼과 페르마가 편지를 주고받는 과정에서 탄생했어요. 편지에는 다음과 같은 내용이 있었어요.

두 사람이 게임을 하다가 게임이 중단되었는데, 한 사람은 2점만 더 얻으면 이기고, 다른 사람은 3점을 더 얻어야 이긴다면 판돈은 어떻게 나누어야 공평할까?

파스칼과 페르마는 게임이 중단되어 누가 이길지 모르는 상황에

확률은
불확실한 어떤 사건이 일어날 가능성을 수치로 나타낸 거예요. 일기 예보에서 비가 올 확률, 로또 1등에 당첨될 확률 등 일상생활에서 널리 쓰이고 있어요.

서 판돈을 어떻게 나누어야 하는지를 놓고 고민했어요. 이 문제를 풀기 위해 확률의 수학적 개념이 만들어진 거예요. 수학에서 페르마와 파스칼이 본격적으로 다루기 시작하면서 확률론이 시작되었어요.

페르마의 천재성

　페르마는 수학을 공부하며 스스로 미분을 생각해 냈어요. 미분은 고등학교에 가면 배우는 내용으로, 여러 학문에 응용되어 우리 생활을 매우 편리하게 만드는 수학이에요. 정식으로 수학을 배운 적이 없는 페르마가 미분을 생각해 낸 것만 보더라도 그 천재성을 알 수 있겠죠?
　페르마는 도형에서도 뛰어난 실력을 갖췄어요. 어린 학생들에게는 도형이라고 말하지만 학년이 올라가면 해석 기하학이라는 어려운 말로 불러요. 해석 기하학에서 페르마의 실력은 유명한 수학자 데카르트와 견줄 만해요. 중학생이 되면 배우는 좌표평면은 데카르트가 만들었지만, 사실은 페르마의 공도 무시할 수 없어서 많은 수

해석 기하학은
도형의 학문인 기하학을 기호의 학문인 대수학과 하나로 묶은 수학의 한 분야예요. 페르마가 이 분야를 알기 쉽게 설명했고, 데카르트에 의해 만들어졌어요. 기하학에 대수학의 계산 법칙들을 사용할 수 있게 되면서 수학의 지평을 넓혔어요.

학자들은 두 수학자의 합동 작품이라고 말해요.

좌표평면은 점과 선이 노는 평면이에요. 좌표평면에서는 직사각형도 만들 수 있고, 동그란 원도 그릴 수 있어요. 점, 직선, 원, 직사각형, 정사각형, 타원 등 도형들이 마구 놀 수 있는 평면이 바로 수학의 좌표평면이에요.

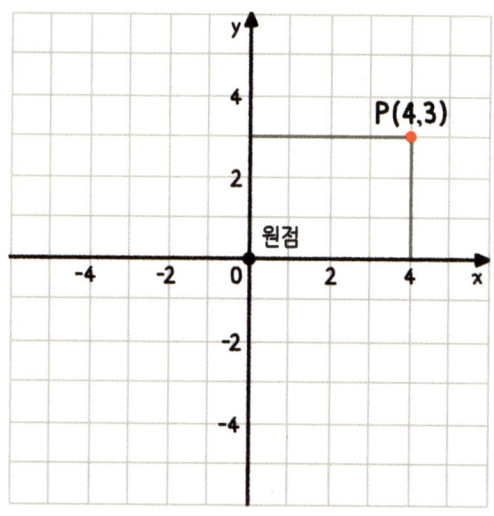

좌표평면

좌표평면에는 서로 수직인 두 직선이 그려져 있어요. 가로 수직선을 X축이라고 하고, 세로 수직선을 Y축이라고 해요. X축과 Y축이 만나는 점을 원점이라고 해요. 예를 들어 좌표평면에 점 P가 찍혀 있다면 점 P의 위치를 어떻게 수로 나타낼까요? 점 P는 원점에서

X축으로 4, Y축으로 3인 지점에 있어요. 그래서 점 P의 좌표는 (4, 3)이에요.

좌표의 발견으로 천문학과 물리학의 발전 속도는 더욱 빨라졌어요. 좌표를 활용하면 자연 현상을 수학적으로 표현할 수 있으니까요. 또한 함수의 개념이 더해져 시간과 거리, 속도의 변화도 계산할 수 있게 되었지요.

페르마의 마지막 정리

많은 수학자들을 골치 아프게 만들었던 페르마의 마지막 정리에 나온 문제는 다음과 같아요.

$$x^n + y^n = z^n$$

단순해 보이지요? n자리에 만약 2를 넣는다면 식은 다음과 같이 바뀌겠죠.

$$x^2 + y^2 = z^2$$

이 식을 만족하는 x, y, z는 수를 적당히 넣어 보면 나와요. 예를 들어 x가 3이고 y는 4, 그리고 z가 5라고 하면 위 식을 만족하게 돼요.

$$x^2 + y^2 = z^2 \blacktriangleleft (3, 4, 5)$$
$$3^2 + 4^2 = 5^2 \blacktriangleright 9 + 16 = 25$$

그런데 이상하게도 n이 3부터는 식을 만족시키는 자연수들이 전혀 없어요. $x^3 + y^3 = z^3$이라는 식의 x, y, z 자리에 들어갈 수 있는 수들이 없는 거예요. 왜 n이 3 이상일 때는 식을 만족시키는 자연수가 없는지, 그 이유를 밝힌 것이 페르마의 마지막 정리였어요.

오늘날 수많은 수학자들은 페르마가 정말로 증명을 해냈는지 의문을 가지기도 해요. 또한 이 문제를 증명하기 위해 오랜 시간 많은 수학자들이 매달리기도 했죠. 특히 1908년 독일의 수학자 볼프스

NEWS

페르마의 마지막 정리, 마침내 증명하다

영국 수학자, 앤드류 와일즈가 350여 년의 수학적 난제였던 페르마의 마지막 정리를 마침내 증명해 냈습니다. 프랑스의 수학자 페르마가 남긴 문제는 지난 시간 동안 수많은 수학자가 풀어내려고 도전했지만 모두 실패했습니다. 1908년, 독일의 수학자 볼프스켈이 상금을 걸면서 더욱 많은 수학자들의 관심을 불러일으켰습니다. 어린 시절부터 페르마의 마지막 정리에 매료되었던 와일즈는 오랜 시간 연구에 몰두했으며, 실패를 거듭한 끝에 마침내 증명에 성공했습니다.

켈이 다음과 같은 유언을 남기면서 많은 수학자들의 관심을 더욱 불러일으켰어요.

"앞으로 100년 안에, 페르마의 마지막 정리를 푸는 자에게는 상금 10만 마르크를 주겠다."

페르마의 마지막 정리는 1994년, 영국의 수학자 앤드류 와일즈가 마침내 증명해 냈어요. 증명의 분량만 하더라도 자그마치 책 한 권보다 더 두껍다고 해요.

똑똑똑 수학

곱셈을 덧셈으로 바꾸어 계산한 네이피어

　16~17세기는 천문학과 물리학 등 과학이 급속도로 발전하던 시기였어요. 이를 가능하게 해 준 밑바탕에 수학의 발전이 있었답니다. 지금은 컴퓨터와 전자계산기가 있어서 복잡한 식을 계산하는 데 문제가 없지만 당시만 하더라도 계산은 꽤나 까다로운 일이었어요. 그래서 큰 수를 다뤄야 하는 천문학자, 물리학자 들은 계산할 때면 엄청 힘들어했어요. 계산 때문에 수명이 줄어드는 것 같다면서 푸념하는 천문학자들도 많았지요. 이 골칫거리를 해결한 수학자가 바로 영국의 수학자 네이피어예요.

　네이피어는 '네이피어 막대'라는 계산을 쉽게 할 수 있는 도구를 만들었어요. 네이피어 막대는 곱셈을 간단한 덧셈으로 바꾸어 계산할 수 있는 도구예요.

　또한 네이피어는 곱하기를 더하기로 바꿔서 계산할 수 있는 '로그' 계산법을 발명했어요. 로그는 큰 수의 계산을 간단히 끝낼 수 있는 수학 계산법이에요. 네이피어의 로그 계산법 덕분에 천문학자들의 수명이 두 배로 늘었다는 말이 나올 정도로 로그 계산법은 큰 수를 계산하는 데 획기적인 방법이었어요.

네이피어 막대

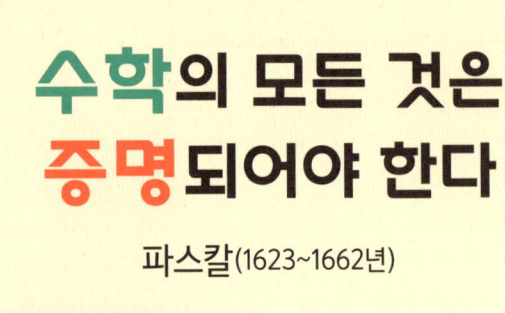

수학의 모든 것은 증명되어야 한다

파스칼(1623~1662년)

파스칼은 공부를 좋아하고 무엇에 몰두하면 끝까지 파고드는 아이였어요. 파스칼의 아버지는 파스칼이 수학 공부에 너무 몰두할까 봐 걱정한 나머지 집에 있는 수학책을 몽땅 감추었지요. 하지만 유클리드의 〈원론〉만은 남겨 두었어요. 그러던 어느 날 파스칼이 유클리드 〈원론〉에 나와 있는 내용을 읽게 되었어요.

"삼각형 내각의 합은 두 직각의 합과 같다."

파스칼은 이 내용에 '왜?'라는 물음표를 달고 생각하고 또 생각했어요. 어느 날 아버지는 파스칼의 방에서 파스칼이 수학을 공부한 흔적을 보게 됐어요. 그런데 누가 가르쳐 준 것도 아닌데 파스칼은 '삼각형 내각의 합은 두 직각의 합과 같다'는 내용을 증명해 놓았어요.

'수학의 모든 것은 증명되어야 한다.'

어릴 때부터 수학의 본질을 파헤치기 좋아했던 파스칼의 생각이에요.

파스칼의 원리

파스칼은 프랑스의 수학자이자 철학자예요. 천재성을 발휘하며 14세의 어린 나이에 프랑스 과학아카데미의 회원이 되었어요. 16세가 되던 해에는 수학 논문을 발표하여 수학자들을 놀라게 했고요. 19세에는 루앙 지방에서 관리로 일하는 아버지를 위해 세금 계산을 쉽게

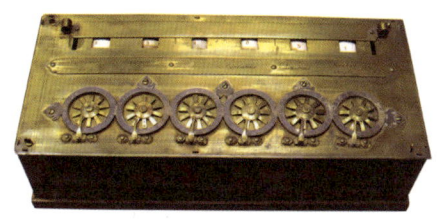
파스칼이 발명한 계산기

할 수 있는 계산기를 직접 만들기도 했어요. 이 계산기는 자동으로 계산이 되는 세계 최초의 디지털 계산기라고 할 수 있어요.

파스칼은 21세가 되었을 때, 압력에 관한 실험을 보게 되면서부터 압력에 관심을 가졌어요. 그의 몰두하는 성격은 아무도 말리지 못했어요. 결국 '밀폐된 용기 속에 담겨 있는 액체의 한쪽 부분에 주어진 압력은 밀폐된 모든 면에 같은 크기로 전달된다'는 원리를 발견해요. 이것을 '파스칼의 원리'라고 해요.

파스칼의 원리는 유압 기계, 자동차 브레이크, 비행기의 랜딩기어 등 우리 생활에 다양하게 이용돼요. 파스칼의 업적을 기리기 위해 압력을 나타내는 단위에 파스칼(Pa)을 붙였어요. 1파스칼(Pa)은 1제곱미터당 1뉴턴의 힘이 작용할 때의 압력을 말해요.

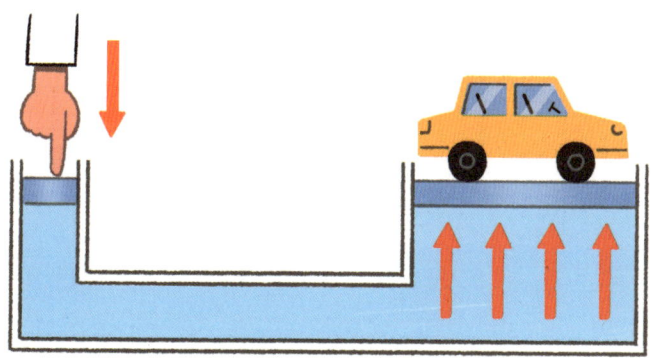

파스칼의 삼각형

파스칼의 이름이 붙은 게 또 있어요. '파스칼의 삼각형'이라고 불리는 삼각형이에요. 수들을 삼각형 모양으로 배열해 놓은 그림과 같은 수의 배열이에요.

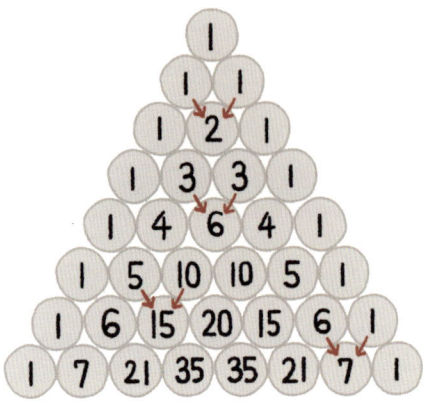

파스칼의 삼각형은 재미있는 수학 현상이 숨어 있어요. 예를 들어 그림에서 보듯이 위의 두 수를 더하면 아래의 수가 나오는 특성이 있어요. 이외에도 파스칼의 삼각형에서 여러 특성을 찾아낼 수 있어요. 사실 파스칼 이전에도 여러 수학자들이 이러한 수의 배열에 대해 관심을 가졌지만, 파스칼이 이 배열에서 많은 성질을 찾아내어 응용했기 때문에 파스칼의 삼각형이라고 불려요. 수학의 모든 것을 증명하고자 했던 파스칼 덕분에 파스칼의 삼각형의 성질을 찾아낼 수 있었고, 이는 통계학에서 중요한 발견이 되었답니다.

사이클로이드 곡선에 대한 수학 연구

그런데 파스칼이 공부할 수 없게 막아선 것이 있었어요. 바로 건강과 종교였지요. 건강이 나빠진 파스칼은 의사의 권유로 수학과 과학에 대한 연구를 멈추기도 했어요. 또한 종교에 심취한 나머지 수

학과 과학에 대한 연구를 잠시 중단하기도 했고요. 그러나 그것도 잠시 다시 수학 연구에 몰두한 파스칼은 건강이 점점 악화되었어요.

하지만 파스칼은 아픔을 잊기 위해 더욱 수학 연구에 몰두했어요. 그가 병상에 있을 때 나온 연구 결과가 바로 사이클로이드 곡선에 대한 수학 연구였어요. 사이클로이드 곡선은 원 위에 한 점을 찍고, 그 원을 직선 위에서 굴렸을 때, 점이 그리며 나아가는 곡선을 말해요.

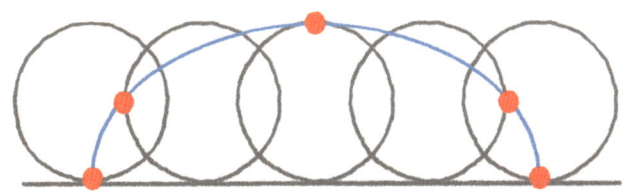

파란색 곡선이 사이클로이드 곡선이에요.

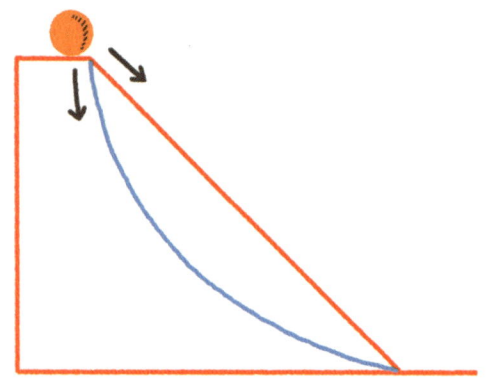

사이클로이드 곡선은 최단 거리를 찾아 줘요. 그림을 한번 볼까요? 공이 직선으로 내려올 때 더 빠를까요, 곡면을 따라 내려올 때 더 빠를까요? 직선으로 내려오는 공이 더 빨리 내려올 것 같지만 직접 실험해 보면 곡면을 따라 내려오는 공이 먼저 도착해요. 곡면을 따라 내려오는 즉, 사이클로이드 곡선에서 더 빨리 내려오는 이유는 사이클로이드 위에서는 중력 가속도가 줄어드는 정도가 직선보다 작아서 가속도에 의해 점점 빨라지기 때문이에요. 이 성질을 이용해 미끄럼틀의 형태를 사이클로이드로 만들면 더 빨리 내려올 수 있겠네요.

이 곡선에 대한 연구가 파스칼의 마지막 연구였어요. 그 후, 파스칼은 병을 이기지 못하고 39세의 젊은 나이로 삶을 마감했어요.

삼각형 내각의 합은 두 직각의 합과 같다.

어릴 적 파스칼이 증명했다는 삼각형 내각의 합이 두 직각의 합, 즉 180°가 된다는 사실을 알아볼까요? 우선 이것을 증명하기 전에 우리가 알아야 할 지식으로는 직선이 이루는 각, 즉 평각은 180°라는 점이에요. 그리고 삼각형 안쪽의 세 각들을 다 더해도 180°가 된다는 사실이에요.

자, 이 정도 실력이 쌓였으니 파스칼의 증명을 해 볼까요?
일단 삼각형을 만들고 각각의 각들을 잘라서 옮겨 붙여요. 각각의 각들의 합이 180°가 된다는 걸 알 수 있어요. 이렇게 두 직각의 합과 같은 평각과 삼각형의 세 각의 합이 같다는 것을 증명할 수 있지요.

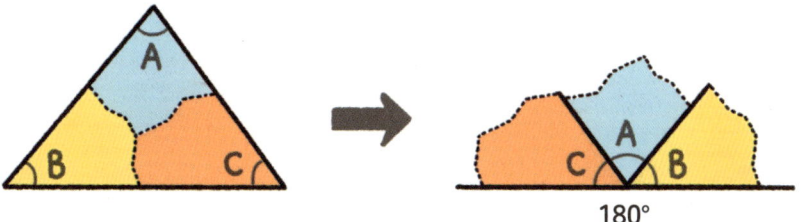

1713년 숙종 39년, 중국에서 온 사신단이 연회에 참석했을 때 벌어진 일이에요.

　"우리 중국의 수학자인 하국주의 실력은 전 세계가 알아주는데, 이분과 대결할 수학자가 이 조그마한 나라에도 있을까요?"

　중국 사신이 하국주를 소개하며 조선을 도발했어요. 이때 조선의 수학자 홍정하가 나섰어요.

　"제가 대결해 보겠습니다."

　중국과 조선을 대표하는 두 수학자의 대결이 시작되었지요. 하국주가 낸 첫 번째 문제를 홍정하가 거뜬히 풀었어요. 홍정하가 낸 두 번째 문제는 방정식이었어요. 이 문제에서 중국의 수학자 하국주는 무릎을 꿇었어요. 이 역사적인 사건 앞에서 조선의 수학자 홍정하는 말했어요.

　"조선의 수학에서 방정식은 그다지 어렵지 않습니다."

중국과 조선의 수학 대결

옛날 조선과 중국은 사신이 오가며 서로 활발하게 교류했어요. 1713년 숙종 39년에 있었던 일이에요. 중국에서 사신으로 온 하국주가 연회에 참석해서 이렇게 말했어요.

"내 취미가 수학 문제를 주고받는 것인데 조선에는 내 문제를 받아 줄 만한 수학자가 없는 것 같습니다."

조선 수학자들의 실력을 깔보려고 한 말이었지요. 이때 조선의 수학자를 대표해서 홍정하가 나섰어요.

"저와 함께 문제를 주고받으면 어떨까요?"

이리하여 중국과 조선의 수학 대결이 벌어졌어요. 대결은 서로 각자 수학 문제를 내면 상대방이 푸는 방식이었죠.

하국주가 먼저 홍정하에게 문제를 냈어요.

"사람 360명이 있는데 한 사람마다 은 1냥 8전을 내면, 그 합계는 얼마입니까?"

너무나도 쉬운 문제였어요. 하국주가 조선의 수학 수준을 얼마나 무시하는지 잘 알 수 있었죠.

"648냥입니다."

홍정하는 덤덤하게 답했어요.

"나만 문제를 낼 수는 없지. 어디 한번 그대도 문제를 내 보세요."

홍정하는 신중하게 문제를 냈어요.

"여기 공 모양의 옥석이 있사옵니다. 이것에 내접한 정육면체의 옥이 있는데, 정육면체의 옥을 뺀 껍질의 무게는 265근이고 껍질에서 가장 두꺼운 곳의 두께는 4치 5푼이옵니다. 옥석의 지름과 내접하는 정육면체의 한 모서리의 길이는 각각 얼마이옵니까?"

한참을 생각했지만 하국주는 답을 내놓지 못했어요. 결국 술이 너무 취했다는 핑계를 대면서 연회장을 빠져나갔지요. 홍정하가 낸 문제를 풀려면 구의 부피를 구할 수 있어야 해요. 중학생이 되면 배우게 되는 문제예요.

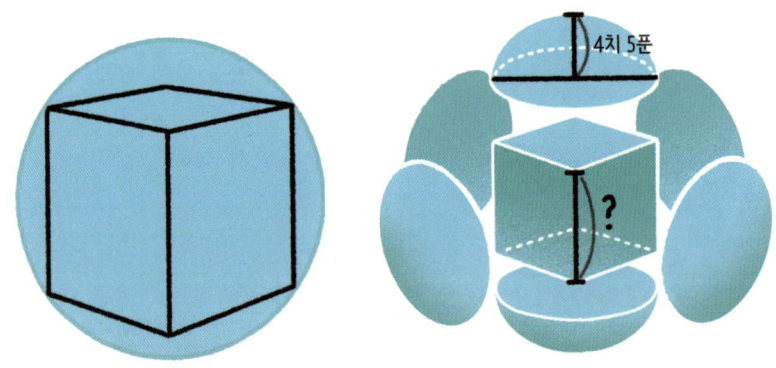

조선의 수학 실력을 얕보았던 하국주는 이후 홍정하의 능력을 인정했고, 하국주와 홍정하는 함께 수학이라는 학문을 더욱 갈고닦으며 좋은 친구가 됐어요.

조선 시대 계산기, 산가지

산가지는 주판과 마찬가지로 과거에 숫자 계산을 위해 쓰이던 도구예요. 막대를 일정한 방법으로 늘어놓아 숫자를 계산했어요. 홍정하는 이 산가지를 이용해서 문제를 잘 풀기로 유명했어요.

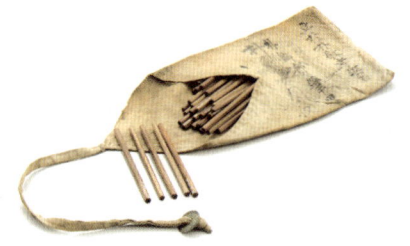

조선의 수학 발전에 힘쓰다

 홍정하 가르치는 실력도 일품이었어요. 아마도 홍정하가 오늘날 가르친다면 일타 강사가 됐을 거예요. 1724년 홍정하는 그동안의 수학 연구를 정리한 수학서 〈구일집〉을 내놓았어요. 이 책에서 홍정하 10차 마방진의 오류를 찾아냈어요. 중국의 이름난 수학자 양휘도 그 오류를 발견하지 못했으니 홍정하의 실력이 얼마나 대단한지 알겠지요?

 마방진은 정사각형에 1부터 차례로 수를 적되, 수를 중복하거나 빠뜨리지 않으면서 가로세로, 대각선에 있는 수들의 합이 모두 같도록 만든 수의 배열을 말해요.

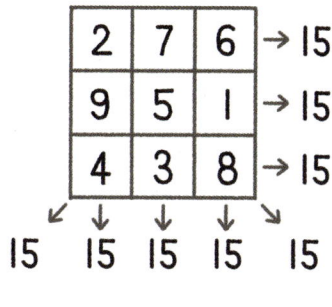

3차 마방진

 10차 마방진에서 오류를 찾기란 쉽지 않아요. 어려운 숨은그림찾기에 비유될 수 있어요. 왜 그런지 10차 마방진의 모습을 보면 알 수 있어요.

68	65	96	93	4	1	32	29	60	57
66	67	94	95	2	3	30	31	58	59
92	89	20	17	28	25	56	53	64	61
90	91	18	19	26	27	54	55	62	63
16	13	24	21	49	52	80	77	88	85
14	15	22	23	50	51	78	79	86	87
37	40	45	48	76	73	81	84	9	12
38	39	46	47	74	75	82	83	10	11
41	44	69	72	97	100	5	8	33	36
43	42	71	70	99	98	7	6	35	34

10차 마방진

이렇게 만든 수들의 배열에서 하나의 오류를 찾기란 결코 쉬운 일이 아니겠지요?

대대로 수학자 집안에서 태어난 홍정하는 자연스럽게 수학자가 되어 조선의 수학 발전에 힘썼어요. 〈구일집〉은 세금을 계산하고 곡식의 양을 측정하는 등 실생활에 필요한 문제를 어떻게 풀 수 있는지 알려 주는 책으로, 백성과 관리에게 유용했어요. 또한 기하나 고차방정식 등의 다양한 수학 문제도 담겨 있지요. 조선의 수학은 중국에서 놓쳤던 방정식을 독자적으로 발전시켜 동양 수학의 발전에 크게 이바지했답니다.

조선의 수학자들

· 경선징(1616년~?)과 〈묵사집산법〉

당대 조선 최고의 수학자로, 곱셈 구구법을 표현하는 방식에 차별화를 둔 수학서 〈묵사집산법〉을 썼어요. 우리나라에 현존하는 가장 오래된 수학책이에요.

· 최석정(1646~1715년)과 〈구수략〉

명문가 집안에서 태어난 최석정은 높은 관직에 오른 조선의 관리였어요. 서양 수학을 많이 공부한 최석정은 동양의 역학(易學)을 바탕으로 수학 이론을 정리해 〈구수략〉이라는 수학서를 썼어요. 이 책에는 마방진에 대한 내용이 많이 나와요.

· 남병철(1817~1863년), 남병길(1820~1869년) 형제

조선 시대 수학자 형제예요. 두 사람 모두 천문학과 수학에 능통해서 조선 시대의 천문 기관인 관상감에서 일했어요. 남병길이 지은 책은 30여 권이나 돼요. 수학서로 〈산학정의〉와 〈집고연단〉 등이 있어요.

어느 날, 세레스라는 소행성이 사라졌어요. 많은 과학자들이 소행성 세레스가 어디로 사라졌는지 알아내려고 난리가 났지요. 가우스 역시 이 사건에 관심이 많았어요. 가우스는 세레스가 처음 발견된 곳을 따라 궤도를 그려 보고, 수학적 지식을 이용하여 세레스의 행방을 계산했어요. 그렇게 계산에 몰두하던 가우스는 세레스를 언제 다시 하늘에서 볼 수 있는지 예측했어요.

모두들 가우스의 예측에 반신반의했어요. 그런데 가우스의 예측이 맞았어요. 천재적인 계산 능력을 가졌던 가우스는 말했어요.

"수학은 과학의 여왕이다!"

천재적인 수학적 재능

독일에서 태어난 가우스는 19세기를 대표하는 수학자예요. 가우스를 전후로 수학사가 18세기와 19세기로 나뉜다는 말이 있을 정도로 시대를 대표해요. 어릴 때부터 천재성을 발휘한 가우스의 이야기는 유명해요.

가우스가 초등학교 3학년이던 수학 시간이었어요. 산만한 아이들을 수업에 집중시키고 싶었던 선생님이 문제를 하나 냈어요.

"여러분, 1부터 100까지 더하면 얼마일까요?"

아이들은 쩔쩔매며 열심히 계산하기에 바빴어요. 그런데 선생님이 문제를 낸 지 몇 초도 지나지 않아서, 가우스가 손을 들고 답을 말했어요.

"5050입니다."

선생님은 놀랄 수밖에 없었어요. 가우스가 말한 답이 맞았거든요. 초등학교 3학년이었던 가우스는 어떻게 그렇게 빠르게 계산할 수

등차수열은
연속한 두 항의 차가 일정한 수열을 말해요.

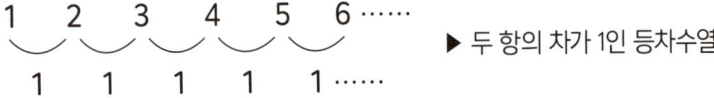

▶ 두 항의 차가 1인 등차수열

있었을까요?

  가우스는 등차수열의 원리를 이해하고 있었기 때문에 특별한 방법으로 덧셈을 했던 거예요. 다음은 가우스가 1부터 100까지 더한 방법이에요.

$$
\begin{array}{r}
1+\ 2+\ 3+\ 4+\cdots\cdots\ \ \ \ +99+100 \\
+)\ \ 100+99+98+\cdots\cdots\ \ \ \ +\ 2+\ 1 \\
\hline
101+101+101+\cdots\cdots\ \ \ \ +101+101
\end{array}
$$

먼저 1부터 100까지 쭉 쓴 다음에, 아래에는 반대로 100부터 1까지 써요. 그다음 아래 위를 더해 보면 모두 101이 나와요. 101이 100개 나오는 거예요. 그러면 101 곱하기 100을 하면 10100이 나오겠지요. 하지만 이 답은 1부터 100까지 두 번을 더한 값이니, 이제 10100을 반으로 나누면 진짜 답이 나와요. 답은 5050이 맞아요. 초등학교 3학년이 계산한 방법이라고 하기에는 정말 놀라울 따름이에요.

한번은 이런 일도 있었어요. 벽돌 공장을 운영하는 가우스의 아버지가 인부들의 봉급을 계산하고 있었는데, 그 모습을 지켜보던 가우스가 말했어요.

"아버지, 계산이 틀렸어요."

그 말을 들은 아버지는 옆에서 보기만 한 가우스가 괜히 훼방을 놓는 거라고 생각했어요.

"다시 계산했는데 틀리지 않았다면 혼날 줄 알아라."

가우스의 아버지는 처음부터 다시 계산했어요. 하지만 결국 가우스의 말이 옳았다는 것을 알게 되었지요.

수학자의 길을 걷다

 사실 가우스의 아버지는 처음에 가우스가 수학을 공부하는 걸 탐탁지 않게 생각했어요. 가우스가 자신의 벽돌 공장에서 일하면서 돈을 벌기를 바랐지요. 하지만 가우스의 수학적 재능을 끝내 무시할 수 없었고, 가우스가 수학을 공부하는 것을 더는 반대하지 않았어요. 가우스는 19세가 되는 해에 놀라운 업적을 남겼어요.

 바로 정십칠각형의 작도가 가능한지를 증명해 낸 거예요. 작도는 자와 컴퍼스만으로 선이나 도형을 그리는 것을 말해요. 그 당시 정삼각형, 정사각형, 정오각형에 대한 작도 방법은 널리 알려져 있었어요. 그리고 정육각형, 정팔각형, 정십각형, 정십이각형, 정십육각형 등은 모두 작도가 가능하다고 알려져 있었지요. 하지만 정십칠각형

의 작도는 모두가 불가능하다고 생각했어요. 그러나 가우스는 자와 컴퍼스만을 가지고 정십칠각형의 작도가 가능하다고 생각했어요.

"바로 이 방법이야."

이천 년 동안 불가능하다고 알려진 정십칠각형의 작도가 가능하다는 것을 19세의 가우스가 증명해 냈어요.

수학의 왕, 가우스

이때부터 가우스는 본격적인 수학자의 길을 걷기 시작했어요. 페르디난트 공작이 후원자가 되어 가난한 가우스를 도와주었고, 가우스는 수학사에 길이 남을 〈정수론 연구〉라는 책을 썼어요.

정수론은 기하학, 해석학, 대수학 등과 함께 수학에서 오랫동안 연구된 분야 중 하나예요. 가우스의 정수론은 체계적인 과학적 방법들을 제시해서 이후의 정수론에 큰 영향을 미쳤어요.

무수히 많은 업적을 남긴 가우스가 세상을 떠나자 영국 왕 조지 5세는 가우스를 기리는 메달을 만들도록 했어요. 메달에는 '수학의 왕에게'라는 글귀가 새겨져 있었어요.

이때부터 사람들은 가우스를 가리켜 '수학의 왕'이라고 불렀답니다.

똑똑똑 수학

가우스상

　가우스는 수학뿐만 아니라 과학에서도 뛰어난 업적을 남겼어요. 물리학과 광학 분야에도 업적을 남겼고, 지구 자기장을 연구해서 이론을 만들었어요. 세레스라는 소행성의 출현 시기를 계산해 낸 업적으로 천문대장이라는 직책까지 얻게 되었지요. 수학에서 과학적 발전을 이끌어낸 가우스는 말했어요.

　"수학은 과학의 여왕이다."

　여러 학문의 발전에 이바지한 수학자 가우스를 기념하여 '가우스상'이 만들어졌어요. '국제수학연맹'에서 응용 수학에 크게 기여한 연구에 주는 상으로 4년마다 선정해 수여해요. 수학계의 노벨상이라고 불리는 '필즈상'이 기초 수학에 대한 업적을 기리는 상이라면, 가우스상은 자연 과학, 사회 과학 등의 여러 분야에서 응용되는 수학 업적에 수여하는 게 특징이에요.

가우스상(앞면)

가우스상(뒷면)

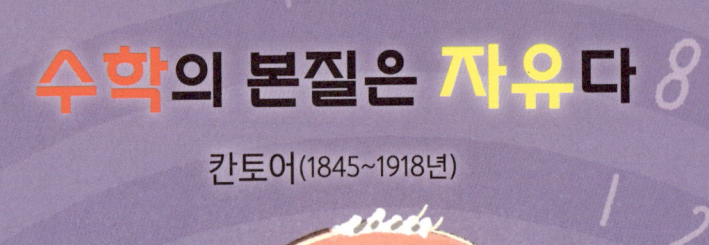

수학의 본질은 자유다

칸토어(1845~1918년)

자연수가 클까요? 짝수가 클까요?

아니, 질문을 바꿔 볼게요. 자연수가 많을까요? 짝수가 더 많을까요?

너무 쉬운 것 같나요? 당연히 자연수가 더 크다고요? 하지만 19세기 독일의 수학자 칸토어는 말했어요.

"자연수와 짝수는 크기가 같다."

칸토어가 이렇게 답한 이유는 자연수도 끝이 없고, 짝수도 끝이 없이 무한하기 때문이에요. 무한은 끝이 없이 많아서 헤아릴 수 없는 걸 말해요. 무한의 집합에서 비교하면 자연수와 짝수는 크기가 같아요. 자연수도 끝이 없이 많고 짝수도 끝이 없이 많으니까요.

오늘날 수학은 칸토어의 주장이 옳다는 걸 알아요. 하지만 당시 다른 수학자들은 칸토어의 주장을 말도 안 되는 소리로 취급했어요. 따돌림도 당하고 미움도 많이 받은 칸토어는 말했어요.

"수학의 본질은 자유다!"

칸토어의 수학은 틀을 깬 자유 그 자체였어요.

집합론의 창시자

칸토어는 1845년 러시아에서 태어났어요. 칸토어는 공학자가 되기를 바라는 아버지에게 수학에 대한 자신의 열정을 보여 주고 나서야 수학자가 되는 걸 허락받았어요. 수학을 열심히 공부하던 칸토어는 29세의 나이에 일생에서 가장 중요한 업적인 집합론을 발표했어요. 집합은 어떤 조건을 만족시키는 대상들의 모임이에요. 집합을 이루는 대상 하나하나를 가리켜 원소라고 불러요.

자연수의 집합에서 원소는 1, 2, 3, 4……로 무한해요. 짝수의 집합에서 원소는 2, 4, 6, 8……로 무한하고요.

자연수의 집합 = { 1, 2, 3, 4…… } ▶ 무한집합

짝수의 집합 = { 2, 4, 6, 8…… } ▶ 무한집합

칸토어가 집합론을 발표하기 전까지 집합은 개념으로만 존재할 뿐, 수학의 분야가 아니었어요. 그러니 당연히 칸토어가 집합론을 발표했을 때 주변은 엄청 소란스러워졌어요.

유한집합, 무한집합

칸토어는 유한집합과 무한집합으로 수의 집합을 구분했어요. 유한은 수나 양 등이 일정한 한계가 있음을 뜻하고 유한집합은 원소의 개수가 유한한 집합이에요. 무한은 수나 양 등이 한계가 없음을 뜻하고, 무한집합은 원소의 개수가 무한한 집합이에요.

수학의 왕 가우스조차도 수학에서 무한의 영역을 받아들이기를 꺼렸으니까요.

"나는 무한을 완성된 양으로 보는 데 반대한다. 수학은 이를 허용하지 않으며, 무한은 단지 말하는 방법일 뿐이다."

칸토어의 스승인 크로네커 교수도 칸토어를 맹렬히 비난했어요.
"칸토어의 논문은 수학이 아니다."

크로네커 교수는 칸토어의 강연을 취소시켰고 칸토어의 논문이 학술지에 실리지 못하도록 막으며 칸토어를 괴롭혔어요.

왜 사람들은 칸토어를 비난했을까요? 칸토어가 비난받은 데에는 종교적 이유도 한몫했어요. 칸토어의 집합론은 무한의 세계를 다루는 수학이었거든요. 그 당시 사람들은 무한은 신의 영역이라고 생각했어요. 신의 영역인 무한을 건드려서는 안 된다고 본 거예요.

수학사에서는 엄청난 업적을 남겼지만 칸토어는 신의 영역을 다루면서 온갖 수모와 비난을 감수해야 했어요. 그러다 급기야 비난과

고통을 이기지 못하고 정신 병원에 입원했어요. 하지만 칸토어는 입원과 퇴원을 반복하면서도 집합론 연구를 계속했어요.

무한을 계산하다

칸토어 이전에는 어떤 수학자도 무한을 계산할 수 없었어요. 무한을 계산한다는 것은 불가능하며 무의미하다고 생각했거든요. 하지만 칸토어는 증명을 통해 무한을 계산해 낼 수 있음을 밝혀냈어요.

"두 집합의 원소 사이에 일대일대응이 가능할 때, 자연수와 짝수의 크기는 서로 같다."

칸토어가 증명해 낸 내용이에요.

자연수 : 1 2 3 4 5 ……
↓ ↓ ↓ ↓ ↓
짝수 : 2 4 6 8 10 ……

일대일대응은
두 집합의 원소를 서로 대응시킬 때, 한 집합의 단 하나의 원소와 다른 집합의 단 하나의 원소가 서로 대응하는 개념으로, 칸토어가 무한의 문제를 해결하려고 수학에서 사용한 개념이에요.

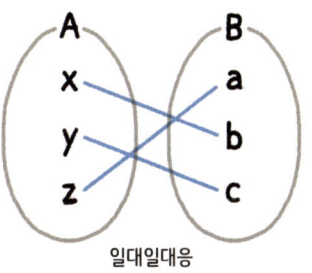

일대일대응

이 방법은 간단해 보여도 아주 훌륭한 수학적 증명법이에요. 1은 2에, 2는 4에, 3은 6에 각각 대응돼요. 수학자들은 이것을 일대일대응이라고 부르지요.

이 증명은 두 집합이 각각 다 무한의 집합이기 때문에 가능해요. 무한이 바로 두 집합의 크기를 같게 만들어 준 신비로운 마법이에요. 수학에서 무한은 어찌 보면 당연한 개념이에요. 자연수의 무한한 집합, 원주율에서 소수점 아래로 무한한 수, 선분 위에 무한한 점의 개수 등 오래전부터 무한은 수학에서 존재했으니까요. 그런데도 수학은 유한이라는 틀에 갇혀 학문적 발전이 막혀 있었어요. 칸토어는 이 틀을 부수며 말했어요.

"수학의 본질은 자유다."

칸토어는 우리에게 무한이라는 새로운 세계를 열어 준 수학자였어요.

힐베르트의 무한 호텔

칸토어의 무한 이론은 독일의 수학자 힐베르트에게로 이어져요. 힐베르트는 무한의 세계를 더욱 발전시킨 수학자예요. 힐베르트는 무한을 더 잘 설명하기 위해 가상의 무한 호텔을 예로 들었어요.

이 무한 호텔에는 무한하게 많은 사람들이 투숙할 수 있어요. 이 호텔은 항상 방이 꽉 차 있지만 언제나 사람들을 받을 수 있어요. 방이 무한하기 때문이죠.

방이 꽉 찬 무한 호텔에 또 한 사람의 손님이 왔다고 생각해 보세요. 그러면 1번 방 손님은 2번 방으로 옮기고 새로운 손님은 1번 방에 들어가요. 2번 방 손님은 3번 방으로 가요. 3번 방 손님은 4번 방으로 옮기고요. 이렇게 하면 아무리 많은 손님이라 해도 다 받을 수 있어요. 무한 호텔은 일대일대응이라는 방식으로 모든 손님을 계속해서 받을 수 있답니다. 이것이 바로 무한의 신비예요.

수학은 직관과 독창성을 섞은 것이다

앨런 튜링(1912~1954년)

앨런 튜링은 생각하는 기계를 만들려고 했어요. 기계에 인간의 뇌와 같은 지능을 주려고 했지요. 오늘날의 인공지능 같은 거예요. 지금은 인공지능 기술이 많이 발전했지만, 그 당시는 너무 앞서가는 생각이었어요. 당시 튜링의 연구를 많은 사람들은 믿지 못했어요. 보통 사람들이 생각하기 힘든 연구를 하면 사람들의 시선은 곱지 않았어요. 튜링은 자신을 믿지 못하는 사람들에게 말했어요.

"수학은 직관과 독창성을 섞은 것이다."

튜링의 독창적인 연구는 그가 죽고 난 후에 현대 과학의 많은 분야에서 씨앗이 되어 싹트기 시작했어요. 오늘날 튜링은 '컴퓨터 과학의 아버지'라고 불려요.

컴퓨터 과학의 아버지

튜링은 1912년, 영국 런던에서 태어났어요. 어릴 적 튜링은 도로 곳곳에 쓰여 있는 숫자나 기호에 관심이 많았어요. 학교에 들어가서는 수학과 과학에 엄청난 재능을 보이기 시작했지요. 튜링은 영국의 케임브리지 대학교 수학과에 입학하여 수치 해석과 확률과 통계를 연구했어요. 이때 연구한 확률이 나중에 연합군이 독일군을 물리치는 데 많은 도움을 주었어요. 제2차 세계대전 당시 독일군이 사용했던 암호기 '에니그마'를 해독할 수 있는 방법을 알아내어 전쟁을 앞당겨 끝내는 데 공헌한 거예요.

튜링이 암호 해독에 사용한 방식은 오늘날 소프트웨어 코딩과 같은 컴퓨터 이론이에요. 현대 컴퓨터 역사의 시작이라고 말할 수 있지요. 그래서 오늘날 사람들은 컴퓨터 과학과 인공지능 분야에 지대한 영향을 준 튜링을 '컴퓨터 과학의 아버지'라고 부른답니다.

에니그마(enigma)는
제2차 세계대전에서 독일군이 사용했던 암호기예요. 기계식 암호화 기법을 사용해서 사람이 일일이 암호문을 작성하는 불편함을 없앤 획기적인 발명품이었죠. 에니그마는 고대 그리스어로 '수수께끼'를 뜻하는 아이니그마에서 따온 말이에요. 한동안 에니그마를 해독할 기계가 없어서 연합군에게는 골칫덩이었어요.

튜링기계

　1936년에 튜링은 논문 하나를 발표했어요. 그 논문에 튜링기계가 등장해요. 튜링기계는 일정한 규칙에 따라 논리적인 풀이를 하는 가상의 기계예요. 이 기계는 복잡한 문제를 하나하나 풀어 나가는 현대 컴퓨터 이론의 기반이 되었어요.

　튜링은 이 논문에 튜링테스트라고 불리는 인공지능 실험도 써 놨어요. 평가자가 질문을 해서 답을 하는 상대방이 기계인지 사람인지 판단하는 테스트예요. 튜링테스트의 목적은 컴퓨터가 인간을 모방할 수 있는지 여부를 판단하는 데 있어요. 만약 평가자가 기계의 답변을 듣고도 상대방이 기계인지 모른다면 이는 생각하는 기계, 즉 인공지능으로 봐야 한다는 주장이지요. 튜링이 이 테스트를 제안한

지 60여 년이 지난 2014년에 러시아에서 처음으로 개발한 인공지능 '유진'이 튜링테스트를 통과했어요. 컴퓨터가 인간의 지능을 모방할 수 있다는 튜링의 주장을 증명해 낸 셈이지요.

비운의 수학자

튜링은 생명 현상을 수학적으로 설명하는 수리 생물학에도 관심이 깊었어요. 현대에 들어와서 생명 과학 분야에서 생명 체계를 디지털 공간에 가상으로 구현하여 복잡한 데이터를 분석하고 가상 실험을 하는 연구가 진행 중이에요. 이를 위한 수학 이론을 개발하고 응용하는 분야를 수리 생물학이라고 해요.

앨런 튜링은 얼룩말의 줄무늬나 표범의 반점 무늬처럼 동물마다 무늬가 다른 이유를 살폈어요. 무늬를 만들기 위해 표면에 퍼지는 성분을 '확산제', 반대로 무늬를 만들지 못하게 하는 성분을 '억제제'라고 부르며 그 두 성분의 상호 작용을 '반응-확산 방정식'으로 나타냈지요. 그리고 방정식에 따라 만들어질 수 있는 무늬를 분류한 '튜링 패턴'을 정리했어요.

튜링은 인류의 발전에 공헌한 수학자였지만 동성애자라는 이유로 부당한 처벌을 받았어요. 결국 42세의 젊은 나이로 생을 마감했어요. 그가 죽은 지 50여 년 만에 영국은 튜링에 대한 처벌이 잘못되었음을 인정했고, 튜링은 명예를 회복했어요. 오늘날 컴퓨터 과학의 노벨상으로 불리는 '튜링상'이 제정되었고, 영국 50파운드 지폐의 인물로 튜링이 선정되어 그 업적을 기리고 있어요.

성장하면서 물고기의 줄무늬가 늘어나는 모습

튜링 패턴에서 줄이 늘어나는 모의실험

똑똑똑 수학

암호학

전쟁에서 군사 기밀을 알아내는 것은 전쟁의 승패를 좌우할 정도로 중요해요. 제2차 세계대전에서 독일군 암호기 에니그마를 해독할 수 있는 '봄브'라는 해독기를 만들어 내어 독일의 전략을 알아내는 데 성공했어요.

암호학과 수학은 밀접한 관련이 있어요. 암호는 수학에서 소수의 곱과 인수분해의 개념을 활용해 생성해요. 비밀 해독 키는 사용자가 선택하는 두 개의 큰 소수로 구성하고 이 두 소수의 곱을 암호화 키로 공개하는 거예요. 큰 수를 빠르게 인수분해할 방법은 알려지지 않았으므로 공개된 암호화 키에서 해독용 키를 복원하는 것은 사실상 불가능해요.

이런 방식을 쓰기 위해 컴퓨터는 메시지를 숫자로 변환해 이에 해당하는 연산을 수행해요. 공개 키 암호 알고리즘은 소인수 분해 문제뿐만 아니라 이산대수 문제 등 어려운 수학 문제를 기반으로 한 것도 있어요. 이런 방식으로 비밀 통신을 위한 데이터 암호화나 디지털 문서의 전자 서명 등을 개발하는 거예요. 최근에는 암호 화폐 같은 새로운 서비스와도 연결되고 있어요.

봄브

한눈에 쏙 수학사 연표

탈레스 닮음비로 길이 계산

피타고라스 피타고라스 정리

히파수스 무리수 발견

유클리드 기하학 〈원론〉

기원전 6세기 | 기원전 5세기 | 기원전 4세기

히파티아 수학서 집필

디오판토스 〈산수론〉

히파르코스 삼각법

아르키메데스 원주율 계산

4세기 | 3세기 | 기원전 2세기 | 기원전 3세기

인도 기호 0 발견

알 콰리즈미 이차방정식 풀이 소개

피보나치 피보나치 수열

네이피어 로그 계산법

6세기 | 9세기 | 13세기 | 17세기

오일러 오일러 공식

홍정하 〈구일집〉

파스칼 파스칼의 삼각형

페르마 페르마의 마지막 정리

데카르트 좌표평면

18세기 | 17세기

가우스 〈정수론 연구〉

칸토어 집합론

힐베르트 무한 호텔

앨런 튜링 튜링테스트

19세기 | 20세기